SCHNIPP-SCHNAPP-BASTELBLOCK

WEIHNACHTEN

AF867253

Schnipp-Schnapp-Bastelblock

Weihnachten

VORWORT

Advent, Advent, ein Lichtlein brennt – nicht mehr lange, und wir feiern das Weihnachtsfest. Freust du dich auch schon so darauf? Dann lass uns gemeinsam die Fenster und Zimmer mit schönen Motiven schmücken. Mit den tollen Scherenschnitten in diesem Buch ist das ein Kinderspiel! Lass Sterne funkeln, Schneeflocken fliegen und lustige Schneemänner am Fenster tanzen. Oder schmücke dein Zuhause für das große Fest mit Weihnachtsglocken, Rentieren und Engeln – ganz wie es dir gefällt.

Alles, was du für die Scherenschnitte brauchst, ist eine Schere, ein Bürolocher und ein bisschen Klebstoff. Das Papier findest du bereits in diesem Buch. Wähle dein Lieblingsmotiv, entscheide dich für eines der Papiere, folge Schritt für Schritt der Faltanleitung und schneide das vorgedruckte Motiv mit der Schere aus. So einfach geht das!

Viel Spaß beim Falten, Schneiden und Dekorieren!

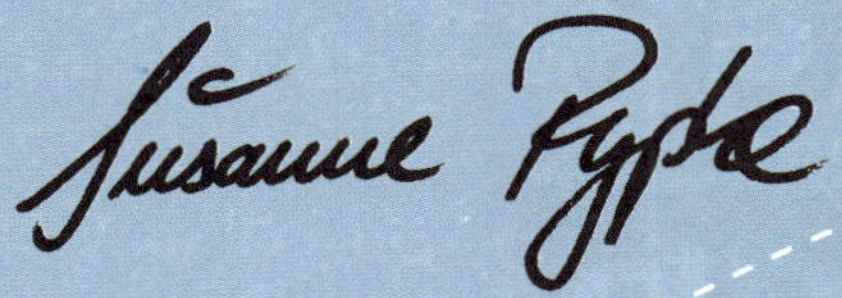

Inhalt

Girlandenfaltung

1 Das Papier mit der gemusterten Seite nach oben hinlegen. Die auf der Rückseite mit einem schwarzen Punkt markierte Ecke befindet sich rechts unten. Die untere Kante 1 cm breit nach oben falten.

2 Die linke Kante auf die rechte falten und die Faltkante glattstreichen. Jetzt ist das Motiv der Girlande auf der Oberseite des Papiers zu sehen.

3 Nun die untere Kante des Papiers auf die obere falten und die Faltkante glattstreichen.

4 Die obere Lage wieder nach unten auf die Kante falten und die Faltkante glattstreichen. Jetzt ist das Motiv der Girlande wieder zu sehen. Die Faltkante glattstreichen und das Papier wenden.

5 Falte nun die andere Papierlage ebenso nach unten. Jetzt hast du einen im Zickzack gefalteten Papierstapel.

6 Das Motiv mit der Schere durch alle Lagen ausschneiden. Beginne am besten mit kleinen Schnitten und Details und schneide erst am Ende die Kontur aus.

7 Wenn du das Papier öffnest, hast du zwei identische Girlandenstücke. Bestreiche die angeschnittenen Klebelaschen mit Klebstoff und füge beide Teile zusammen.

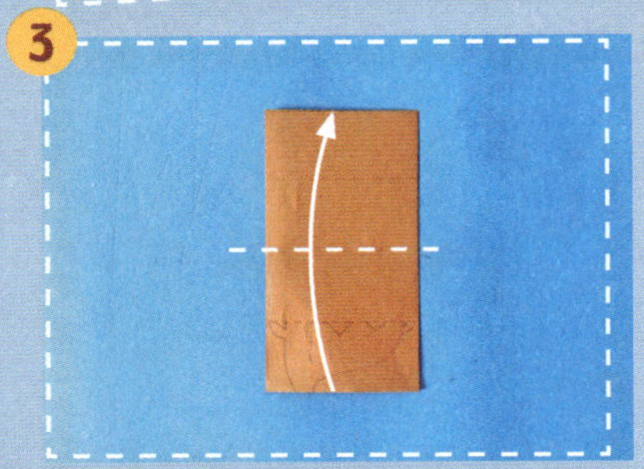

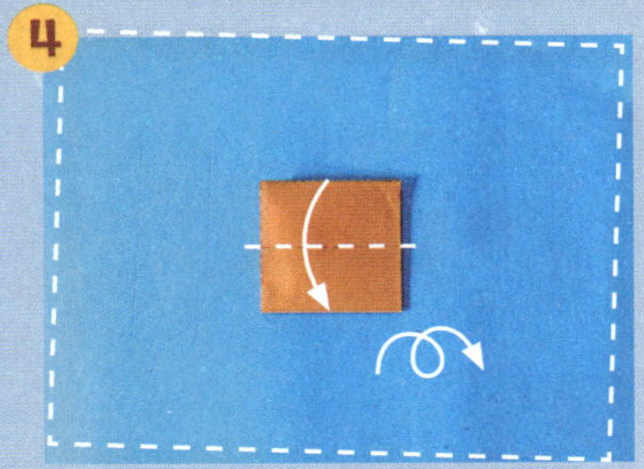

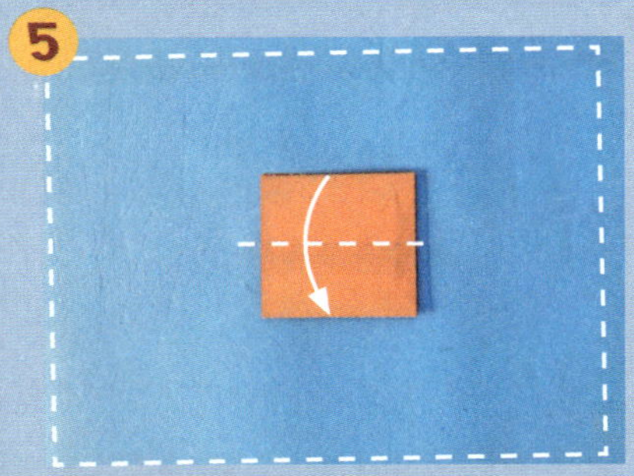

TIPP

Hefte die Papierlagen außerhalb des Motivs mit dem Tacker zusammen, dann lässt sich das Motiv besser ausschneiden. Die kleinen Kreise kannst du ganz einfach mit einem Bürolocher ausstanzen (siehe Tipp auf Seite 10).

Leckere Lebkuchen-Männer S. 12

Geschmückte Tannen S. 13

1 Faltung = 5 Ideen

Festliche Glocken S. 15

Fröhliche Schneemänner S. 14

Engelschor S. 16

Kreisfaltung

1 Lege das Papier mit der gemusterten Seite nach oben auf den Tisch. Drehe es so, dass die auf der Rückseite mit einem Punkt markierte Ecke zu dir zeigt. Falte die untere Ecke auf die obere und streiche die Faltkante glatt.

2 Falte die linke Spitze auf die rechte und streiche die Faltkante wieder glatt. Achte darauf, dass die Kanten wirklich genau aufeinander liegen.

3 Falte die untere Kante zum aufgedruckten Motiv nach oben, sodass die Kante an der gestrichelten Linie anliegt. Die Faltkante glattstreichen, dann das Papier wenden.

4 Falte die senkrechte Kante nach links unten auf die Faltkante. Das Motiv ist jetzt wieder oben auf dem Papierstapel zu sehen.

5 Schneide das Motiv mit der Schere durch alle Papierlagen aus. Beginne am besten mit den kleinen Schnitten und Details und schneide am Schluss die Kontur aus.

6 Danach das Papier vorsichtig öffnen und mit der Hand glattstreichen.

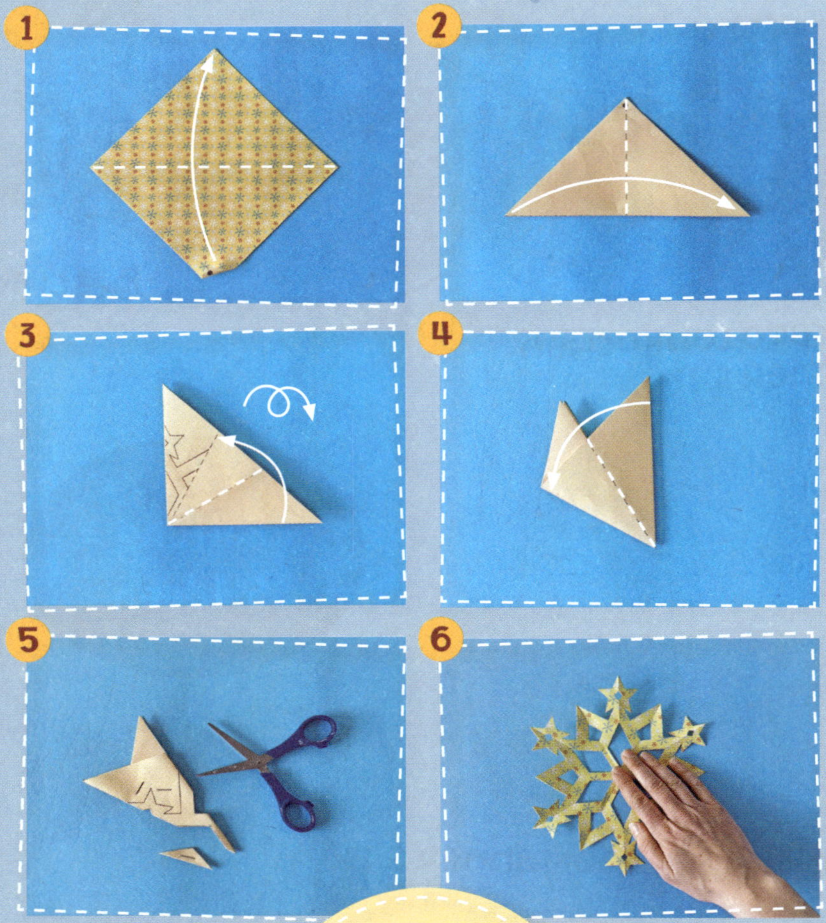

TIPP

Hefte die Papierlagen außerhalb des Motivs mit dem Tacker zusammen. Dann verrutschen die Papierlagen beim Schneiden nicht.

1 Faltung = 6 Ideen

Funkelnde Sterne S. 19

Sternenkugel S. 17

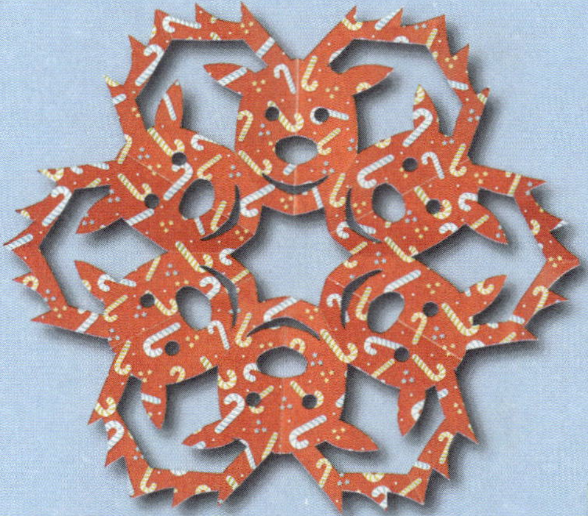

Lustige Rentiere S. 18

Geheime Weihnachts-
wichtel S. 20

Kleiner Eiskristall S. 21

Großer Eiskristall S. 21

Akkordeonfaltung

1 Das Faltpapier mit der einfarbigen Seite nach oben hinlegen, die mit dem Punkt markierte Ecke befindet sich rechts unten. Die untere Kante auf die obere falten, die Faltkante glattstreichen und das Papier wieder öffnen.

2 Die untere Kante zur Faltlinie in der Mitte falten, glattstreichen und wieder öffnen. Mit der oberen Kante wiederholen. Danach das Papier wenden. Die Ecke mit dem Punkt befindet sich nun unten links.

3 Die oberste Faltkante greifen und nach oben auf die Papierkante falten. Das Papier glattstreichen. Danach die nächste Faltkante ebenso nach oben falten und wieder das Papier glattstreichen. Mit der dritten Faltkante wiederholen.

4 Danach die untere Kante auf die obere falten. Jetzt ist das Papier wie ein Akkordeon zu einem Streifen zusammengelegt. Auf der Oberseite ist das Motiv zu sehen.

5 Den Papierstreifen mittig an der gestrichelten Linie in beide Richtungen knicken und wieder öffnen.

6 Jetzt ist das Motiv an der Reihe. Stanze dazu zuerst mit dem Bürolocher die Kreise aus. Als nächstes schneidest du die kleinen Details aus. Erst zum Schluss ist die Kontur an der Reihe. Das Motiv lässt sich übrigens leichter ausschneiden, wenn du die Papierlagen außerhalb des Motivs mit dem Tacker zusammenheftest.

7 Nun fächerst du die Papierlagen auf einer Seite im Halbkreis auf.

8 Bestreiche die hellgrauen Klebeflächen dünn mit Klebstoff und klebe sie zusammen. Danach die andere Hälfte auffächern und ebenso zusammenkleben.

TIPP

Drehe den Locher um, löse die Abdeckung und positioniere die Kreise mittig im Stanzloch. So lassen sie sich ganz leicht und exakt ausstanzen.

1
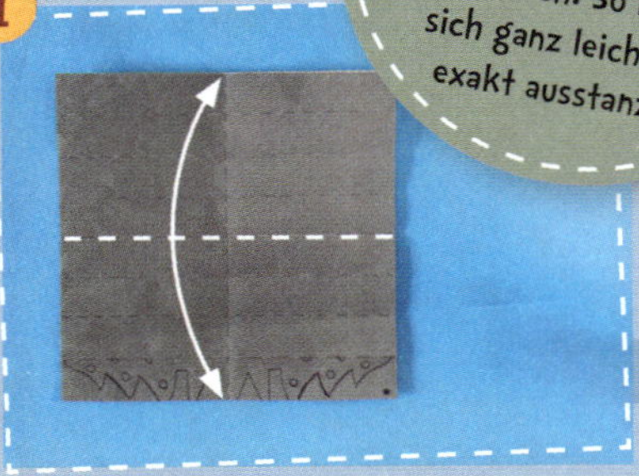

2

3

4
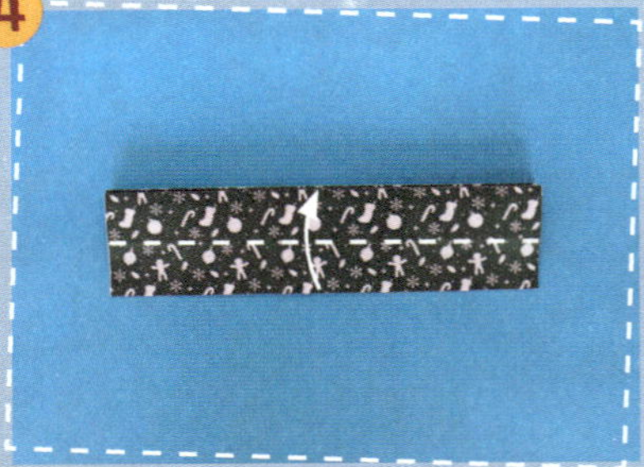

5
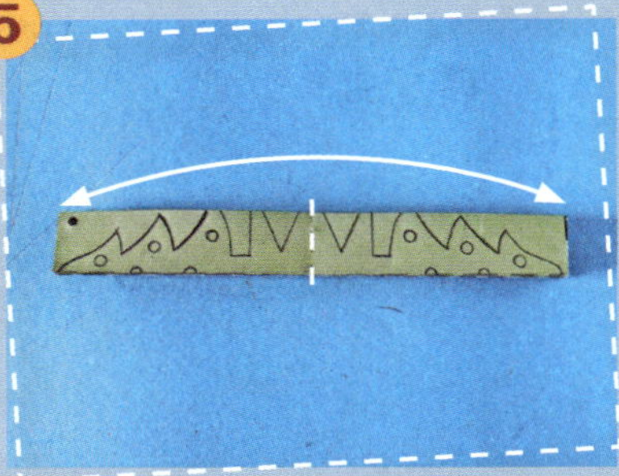

6

7

8

1 Faltung = 5 Ideen

Kleiner Winter-wald S. 23

Feine Schnee-flocke S. 24

Strahlender Stern S. 22

Feierliche Kerzen S. 25

Frostige Gesellen S. 26

Girlandenfaltung

Leckere Lebkuchenmänner

TIPP

Leichter geht's, wenn du das Gesicht, die Knöpfe und die Fliege einfach mit Filzstift aufmalst.

Girlandenfaltung

Geschmückte Tannen

TIPP

Statt Löcher einzustanzen kannst du die Tannen auch mit buntem Konfetti oder einem goldenen Stern an der Spitze bekleben.

Girlandenfaltung

Fröhliche Schneemänner

TIPP

Schneide nur den Kopf aus und gestalte das Gesicht mit schwarzem Konfetti und einer Rübennase aus orangefarbenem Papier.

Girlandenfaltung

Festliche Glocken

TIPP

Überlege dir ein eigenes Muster und verziere die Glocken z. B. mit Kreisen oder Streifen statt Rauten.

Girlandenfaltung

Engelschor

TIPP

Die Engel sind auch ein schönes Motiv für eine weihnachtliche Karte.

Kreisfaltung

Sternenkugel

TIPP

Aus einem Papierrest einen 5,5 cm x 2 cm großen Streifen ausschneiden und oben an die Kugel kleben. Mit einem roten Faden aufhängen – fertig ist die Weihnachtskugel.

Kreisfaltung

Lustige Rentiere

TIPP

Stanze die Kreise für die Augen mit einem Bürolocher aus (siehe TIPP Seite 10).

Kreisfaltung

Funkelnde Sterne

KREISFALTUNG

Geheime Weihnachtswichtel

TIPP

Stanze die Kreise für die Augen mit einem Bürolocher aus (siehe TIPP Seite 10).

Kreisfaltung

Großer & kleiner Eiskristall

TIPP

Schneide die Linie des Eiskristalls ohne mit der Schere abzusetzen nach. Dann kannst du beide Papierteile verwenden.

Akkordeonfaltung

Strahlender Stern

AKKORDEONFALTUNG

KLEINER WINTERWALD

TIPP

Die Tannen sehen noch schöner aus, wenn du vor dem Kleben alle Faltkanten in die andere Richtung faltest.

Akkordeonfaltung

Feine Schneeflocke

Tipp

Knicke vor dem Kleben alle Falten in die andere Richtung, das lässt die Schneeflocke noch schöner wirken.

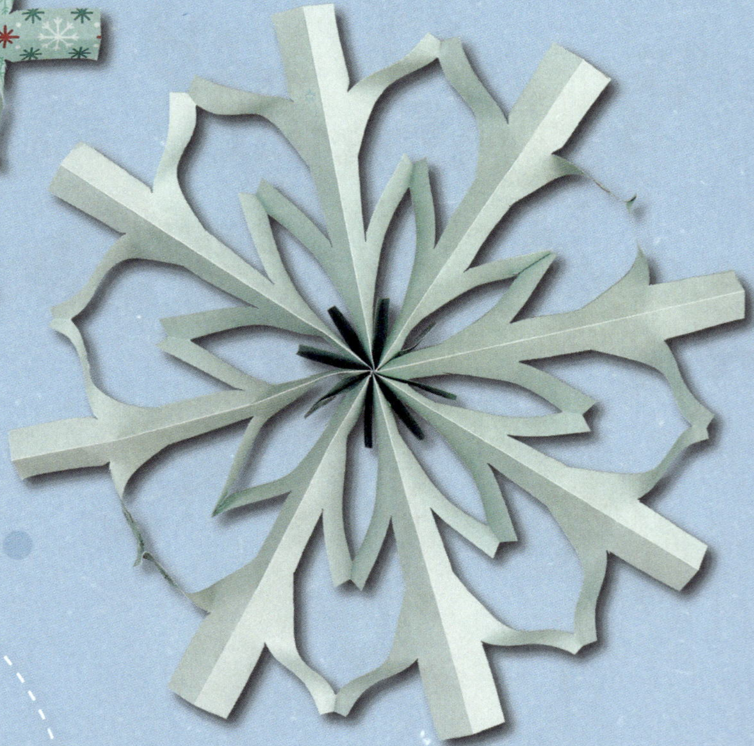

Akkordeonfaltung

Feierliche Kerzen

Akkordeonfaltung

Frostige Gesellen

TIPP

Verwende einen Locher um die Augen der Schneemänner auszustanzen, so werden sie dir immer gelingen (siehe TIPP S. 10).

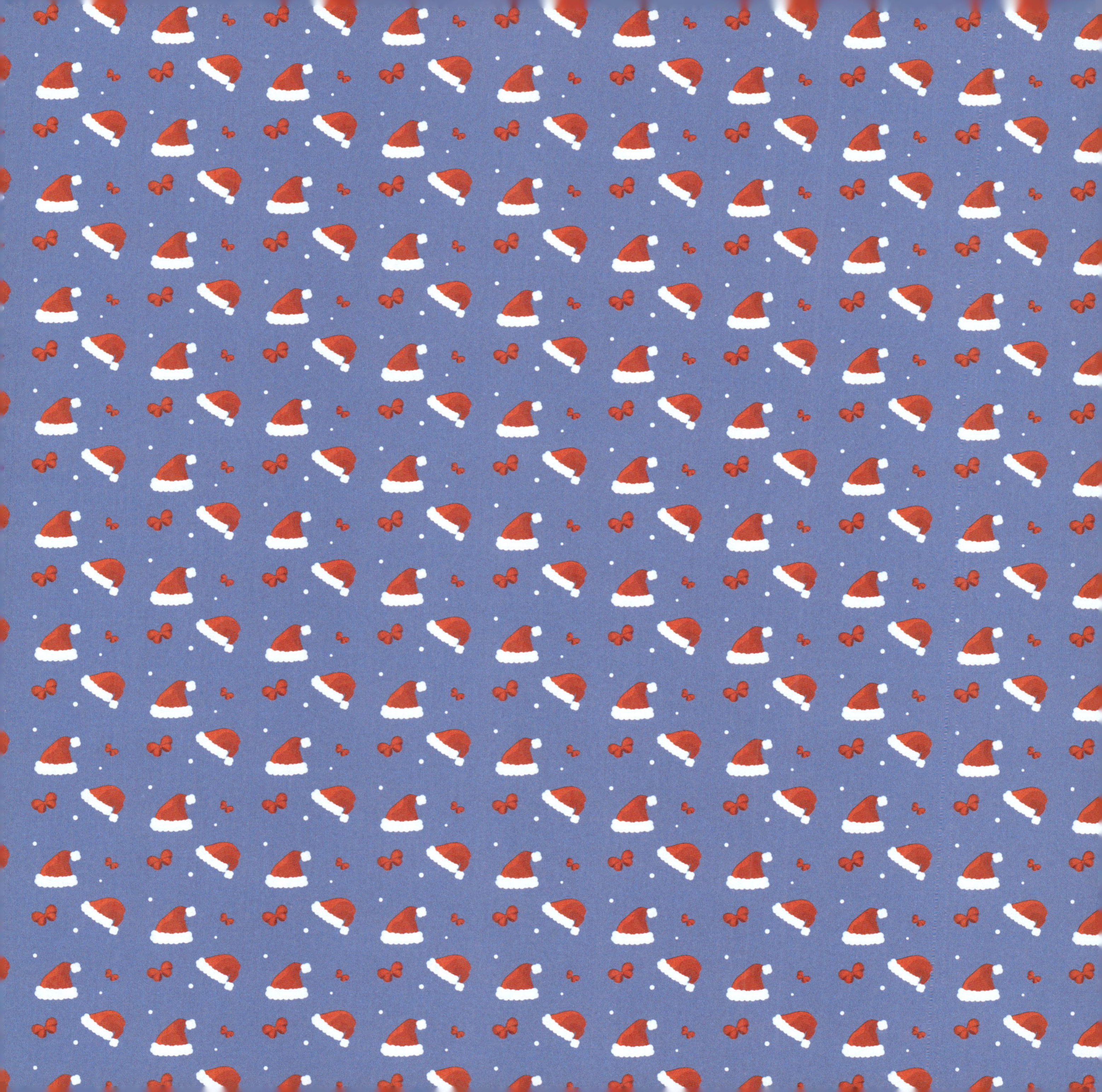

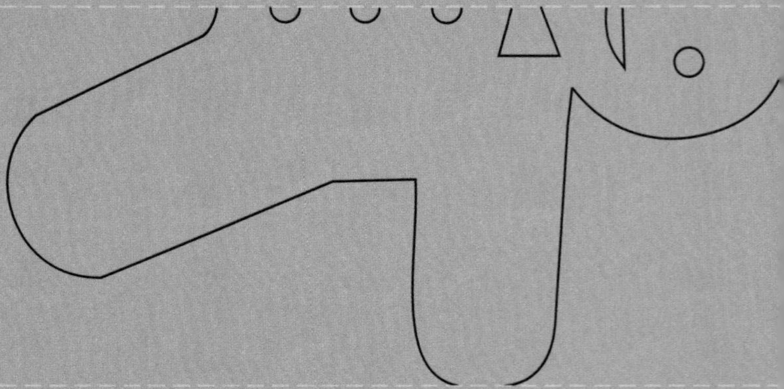

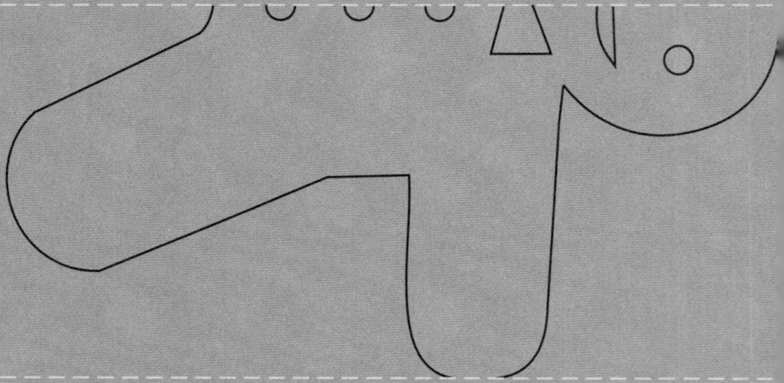

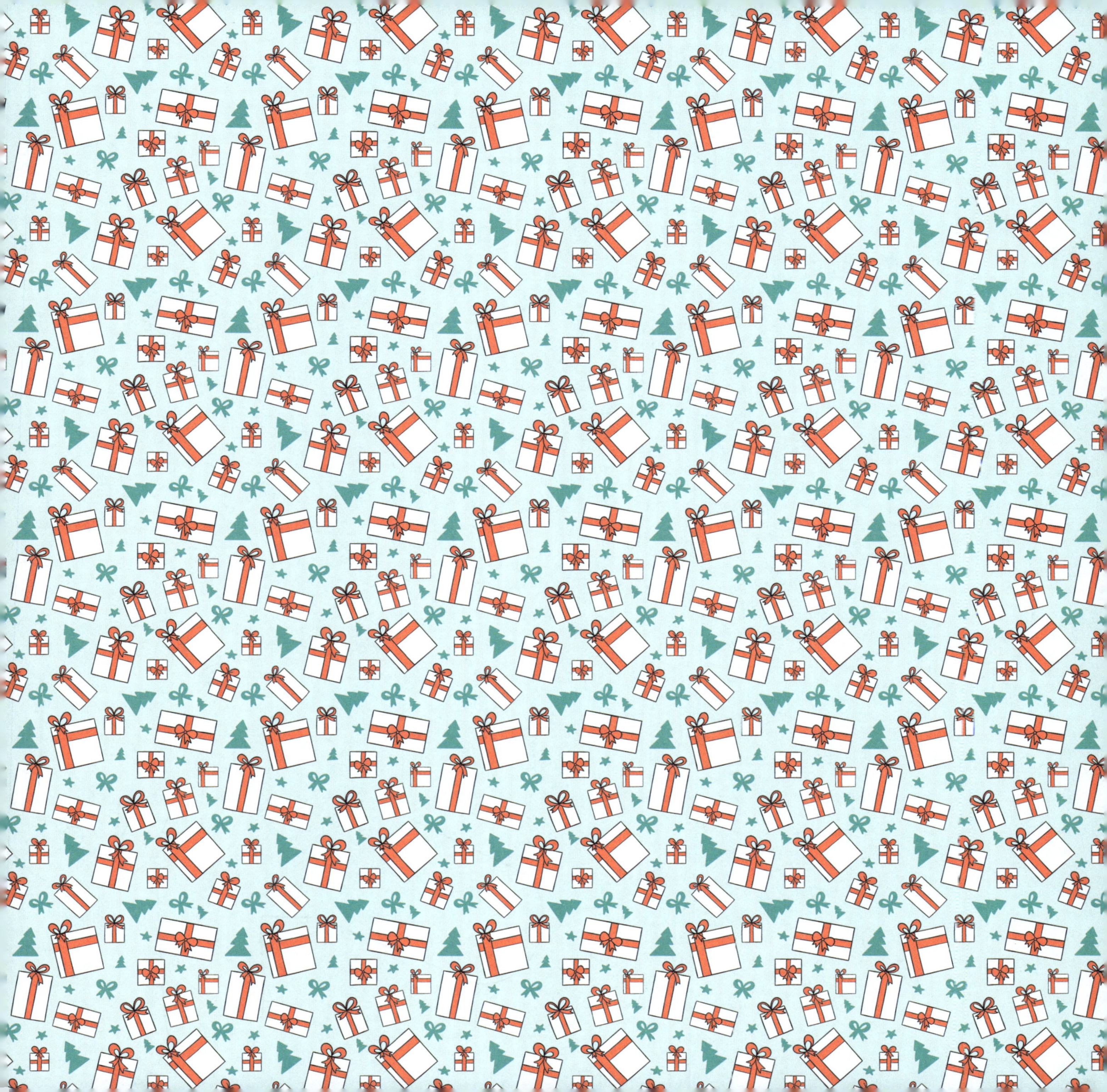

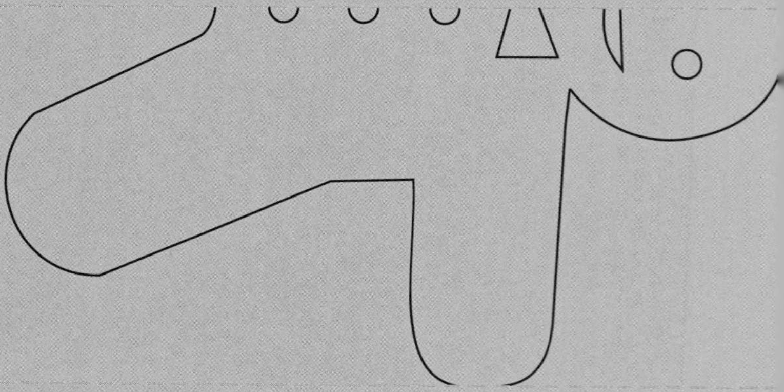

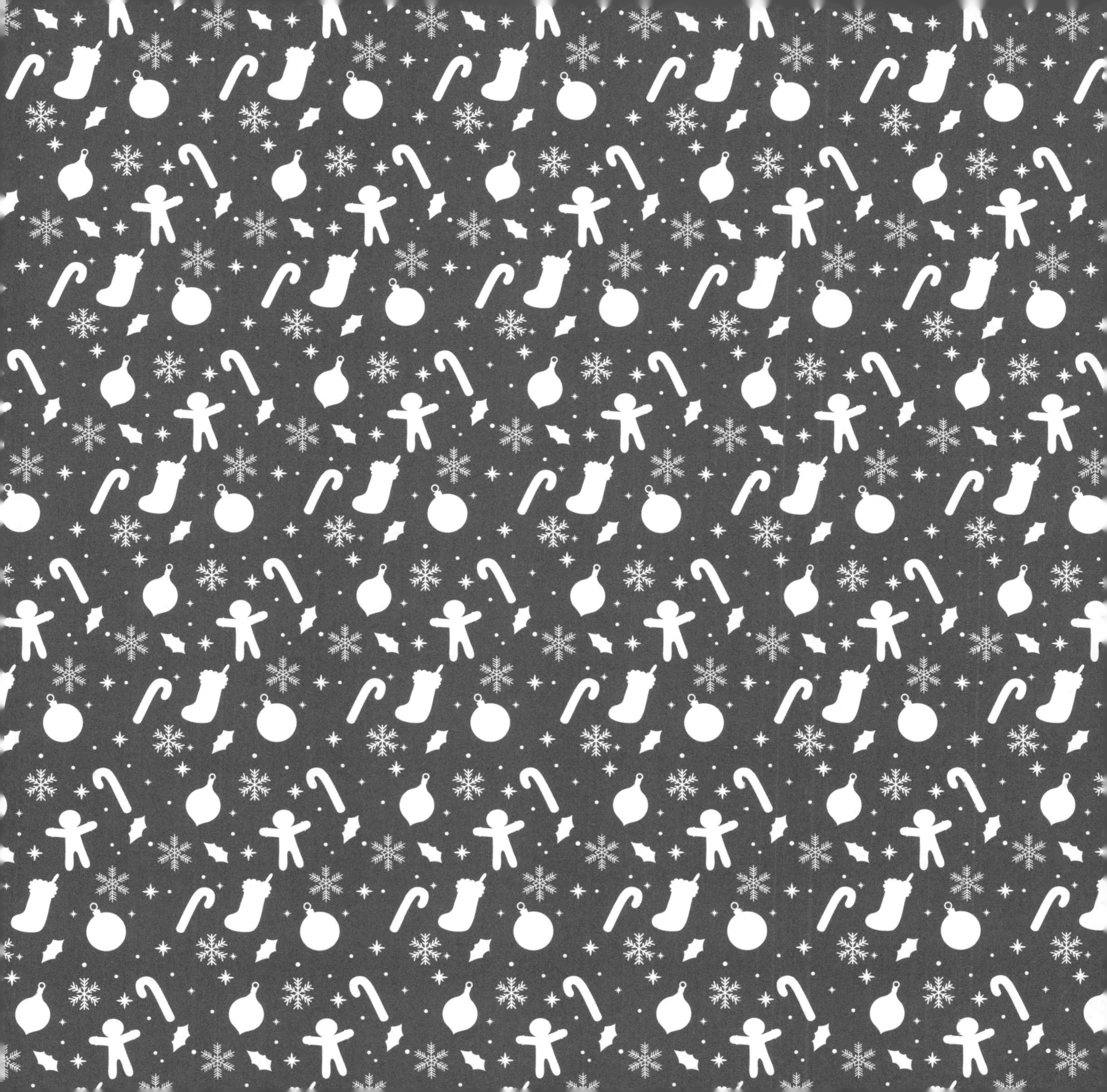

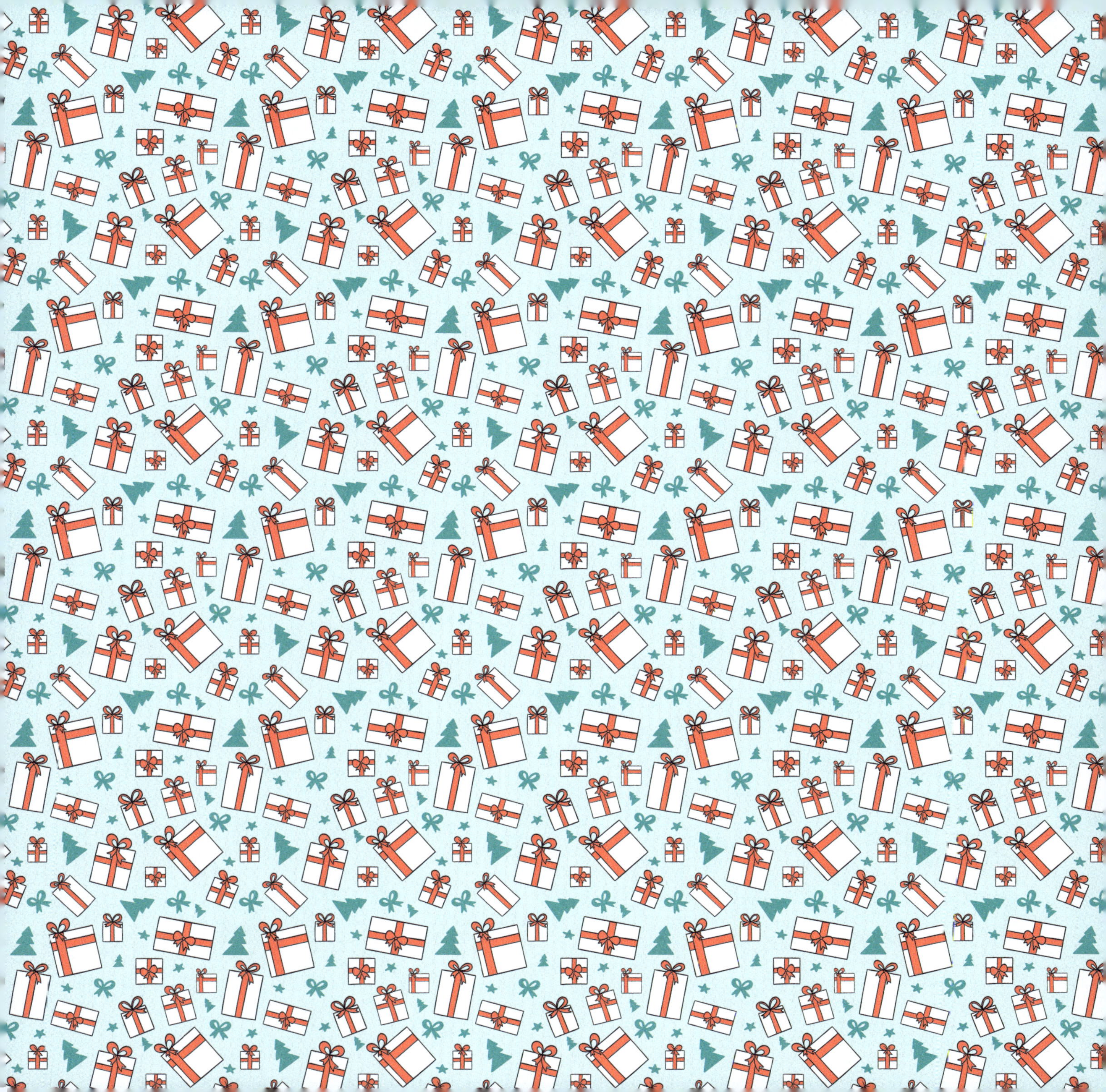

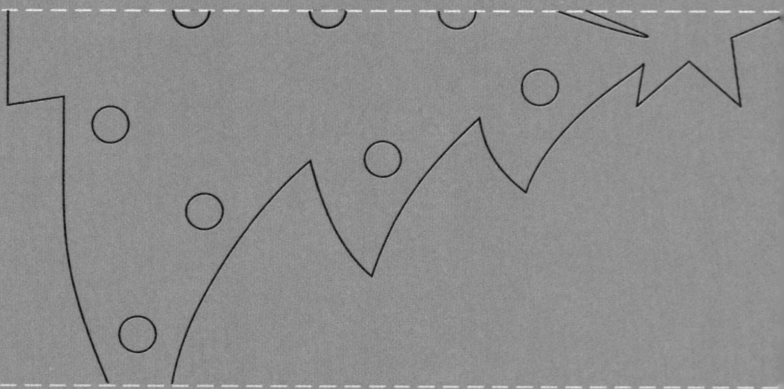

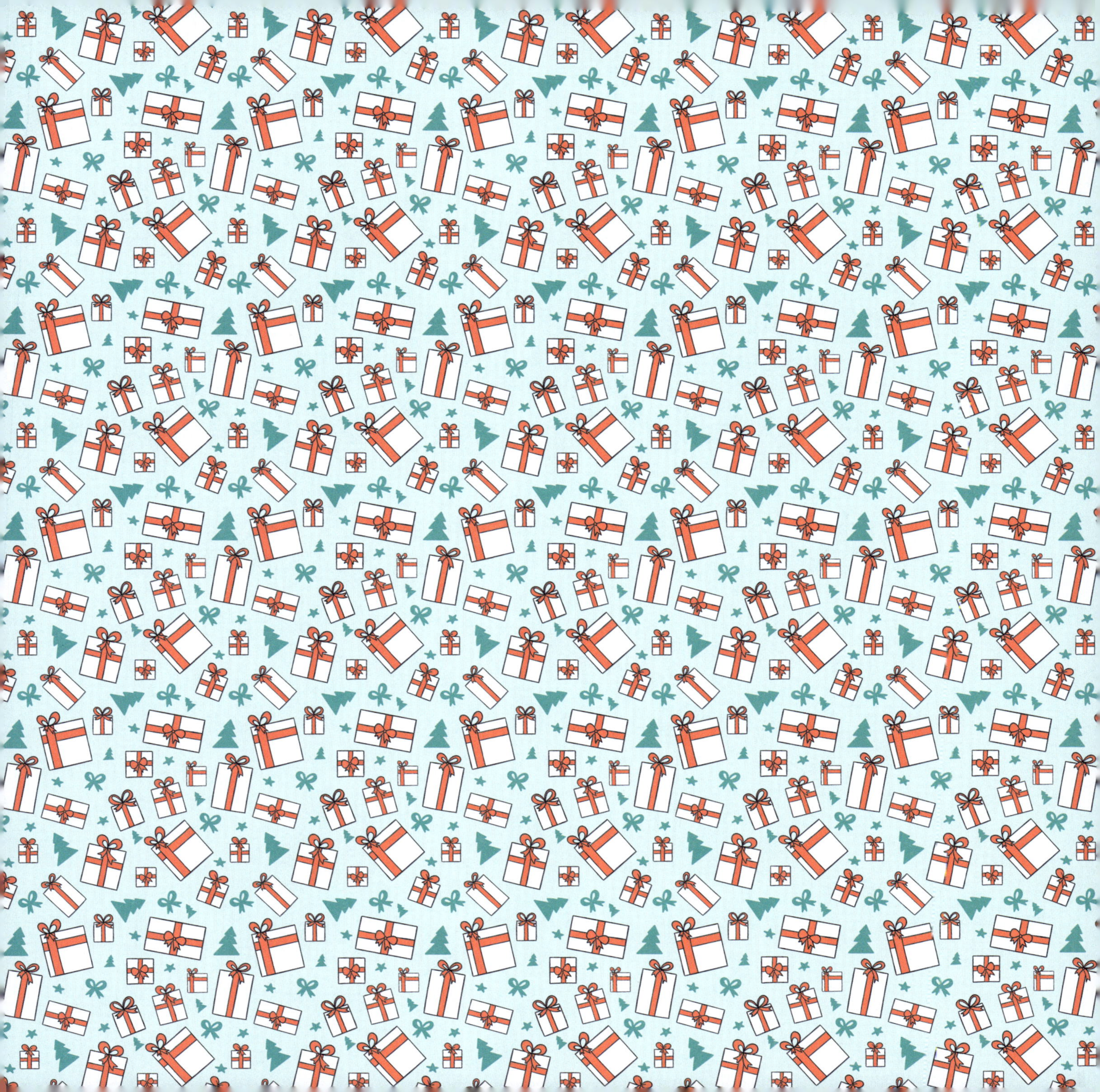

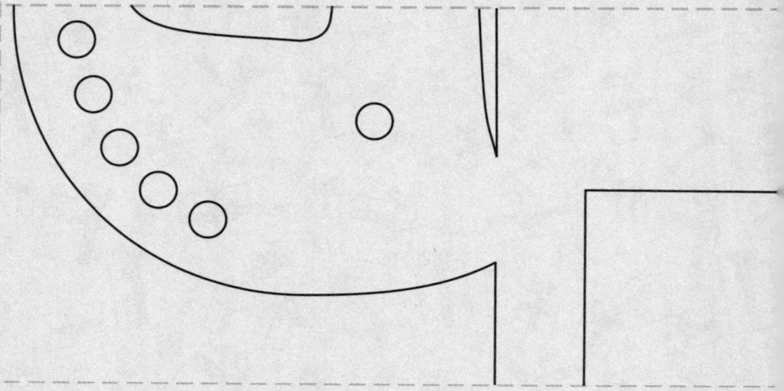

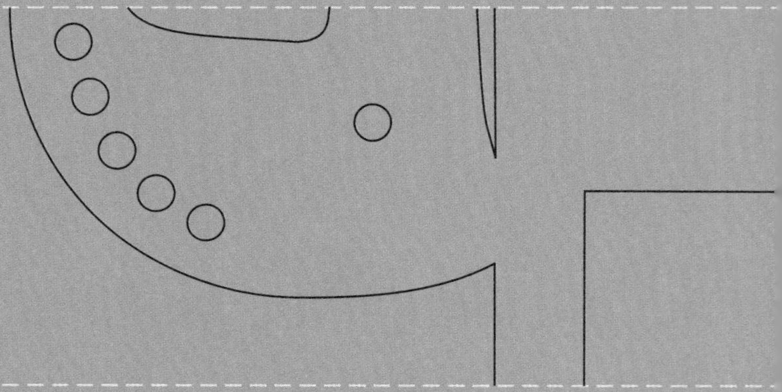

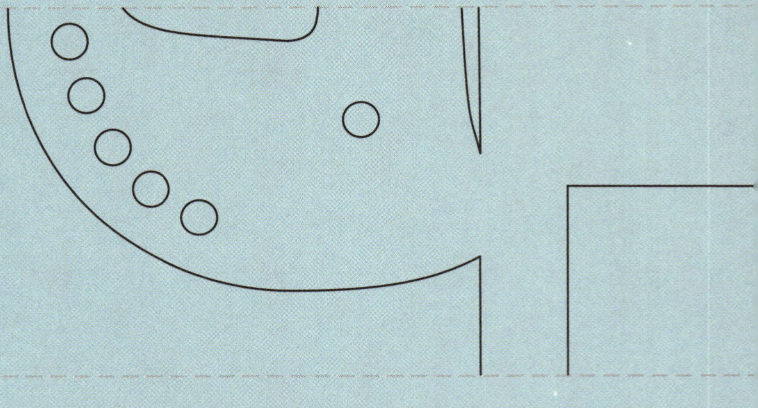

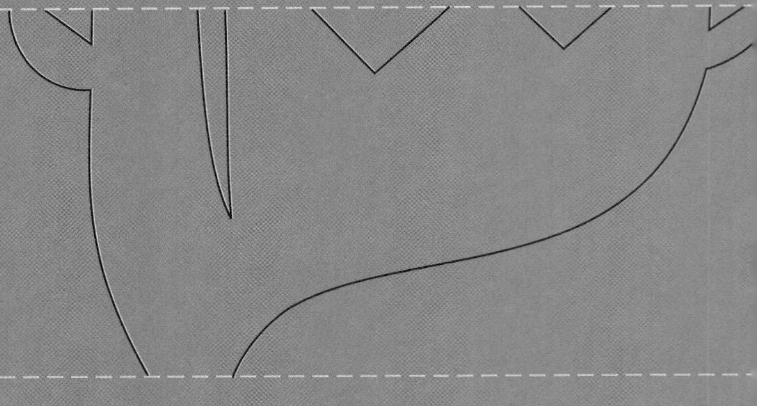

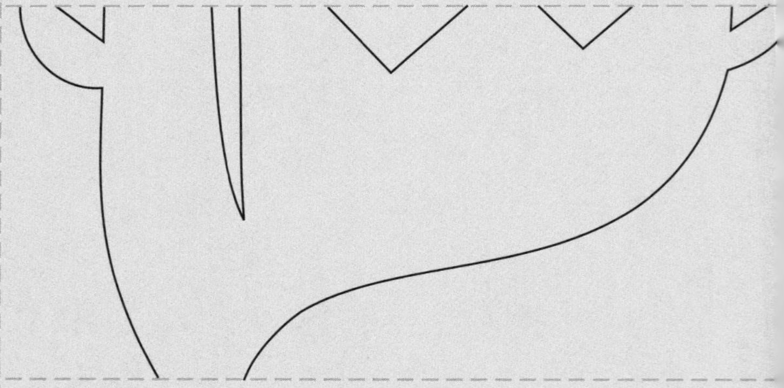

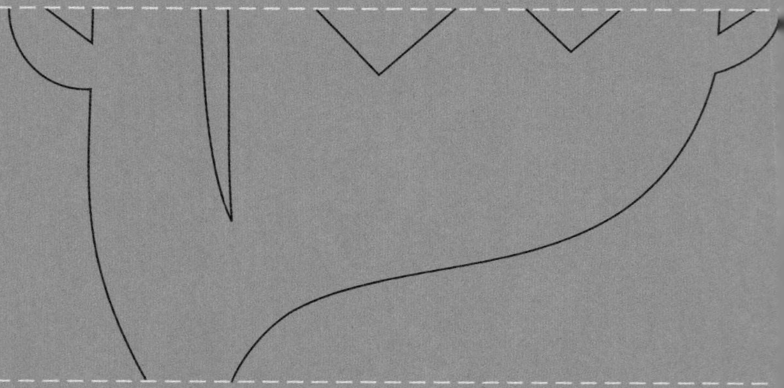

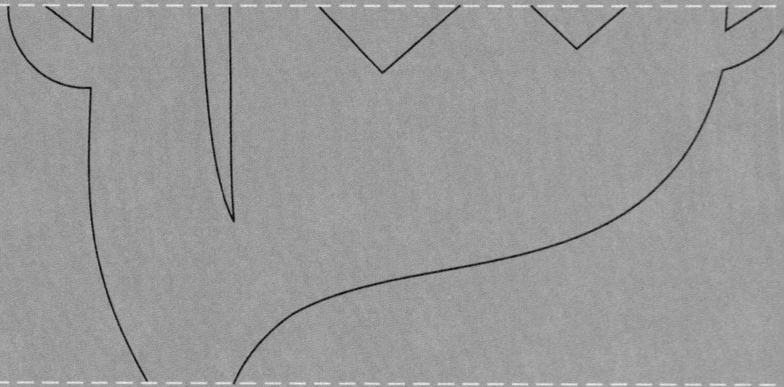

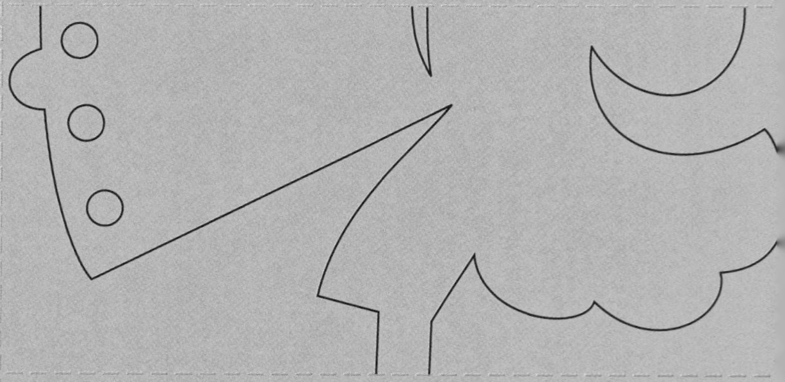

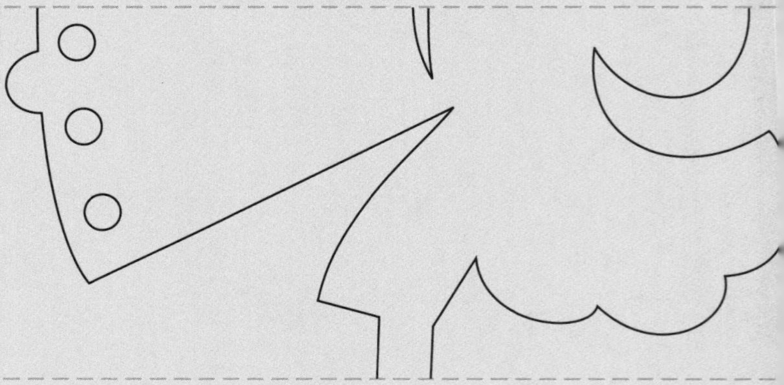

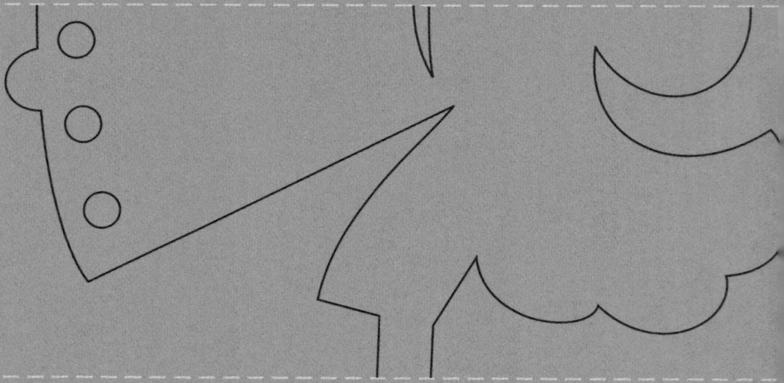

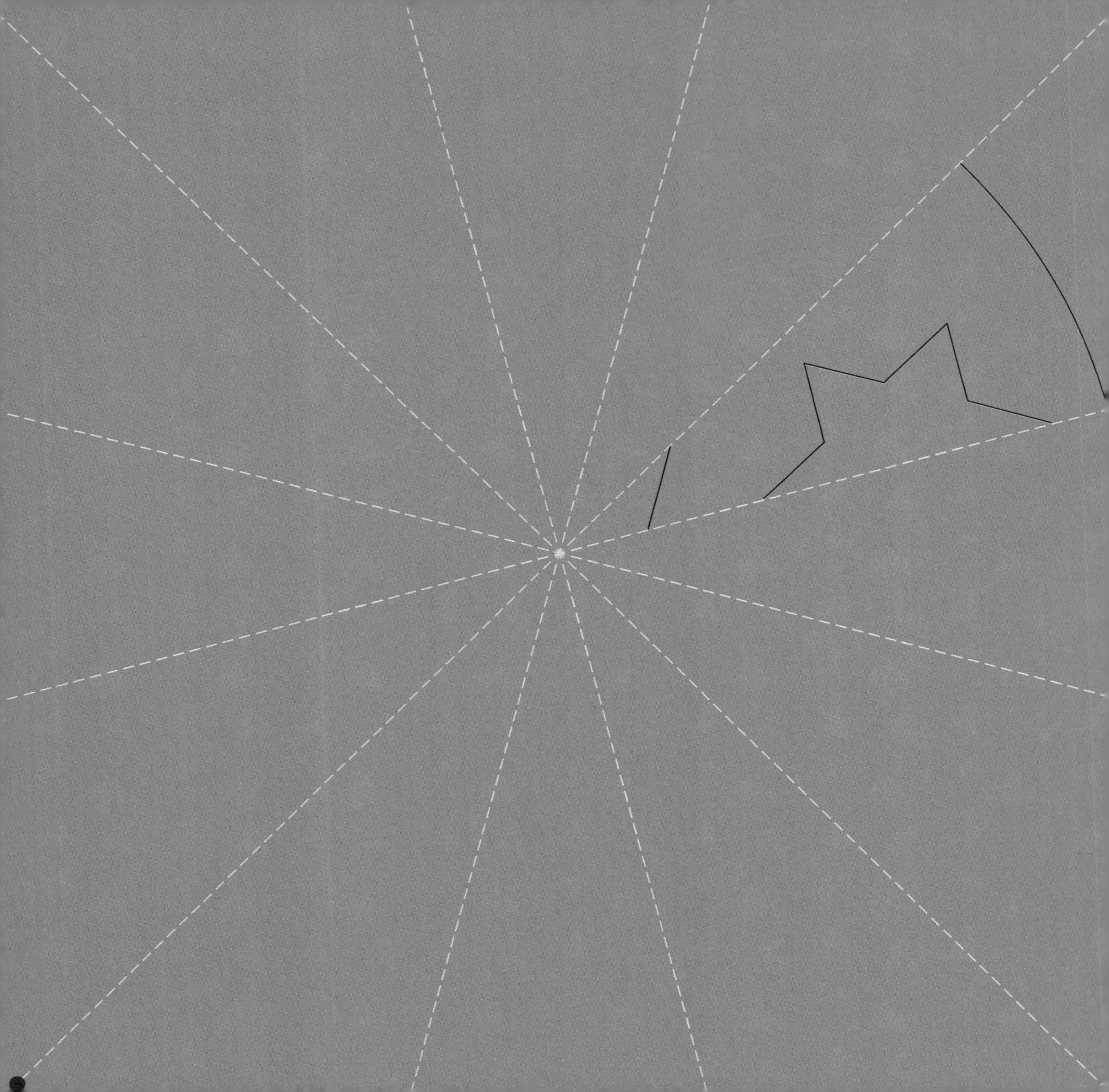

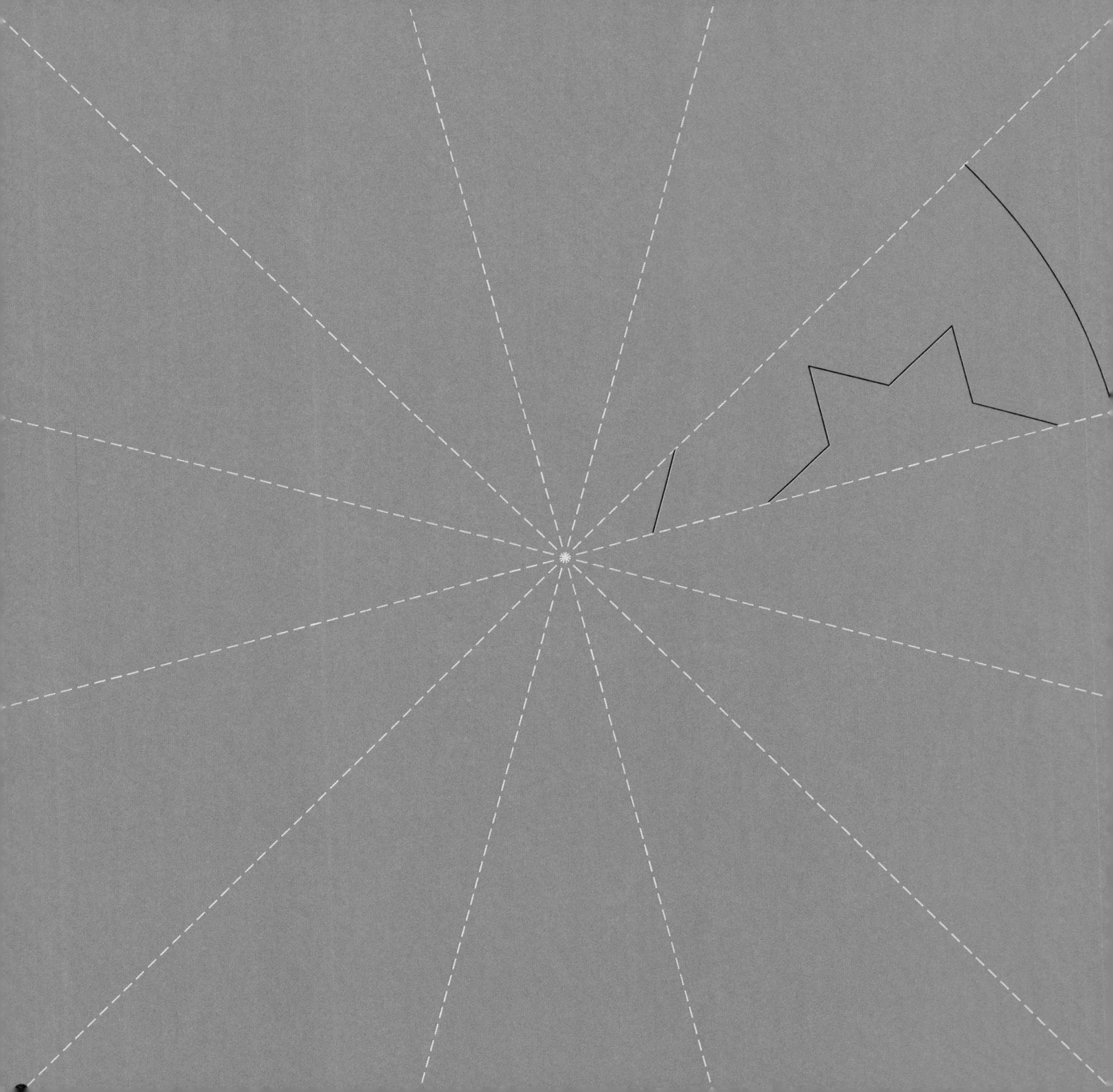

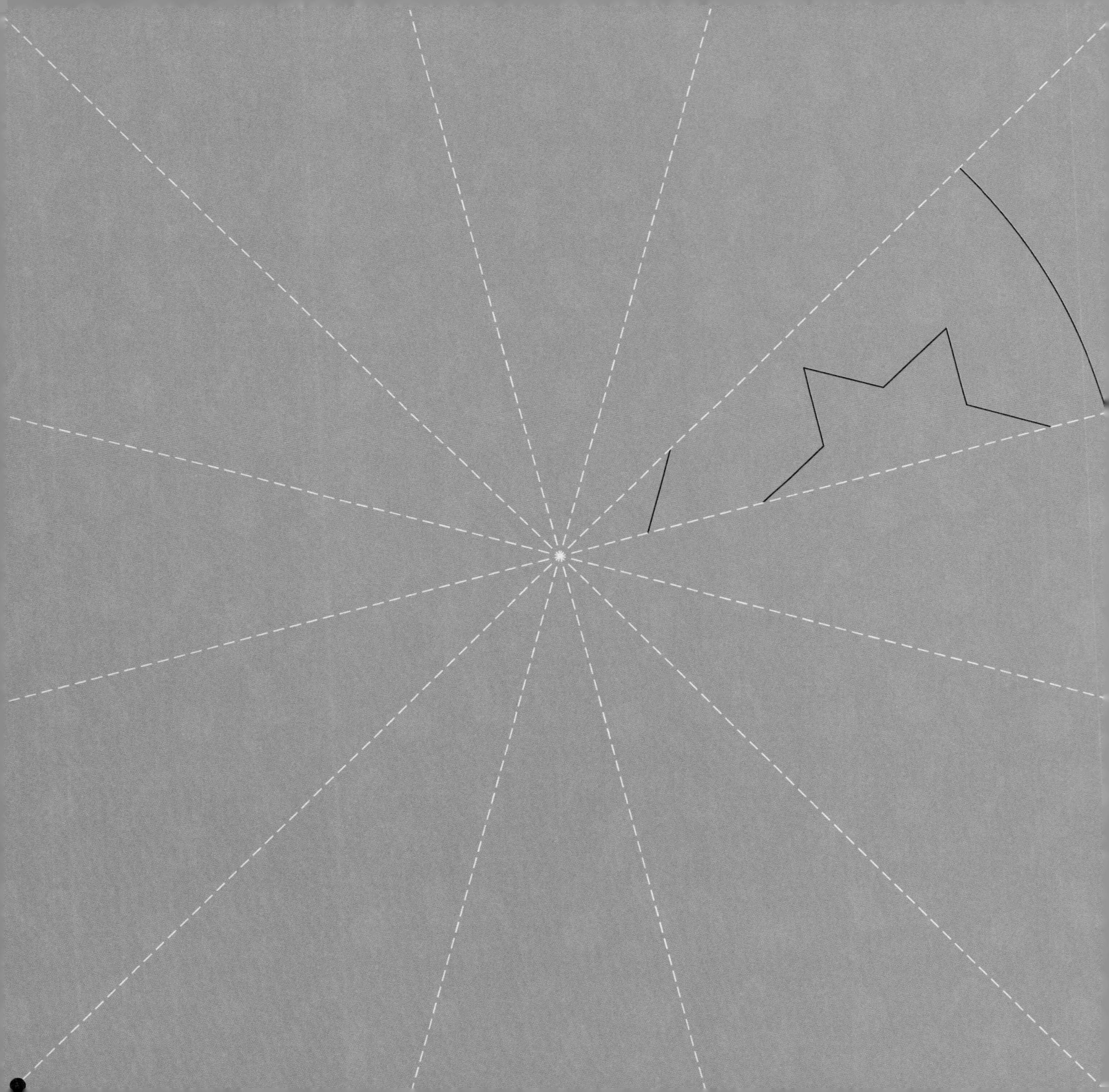

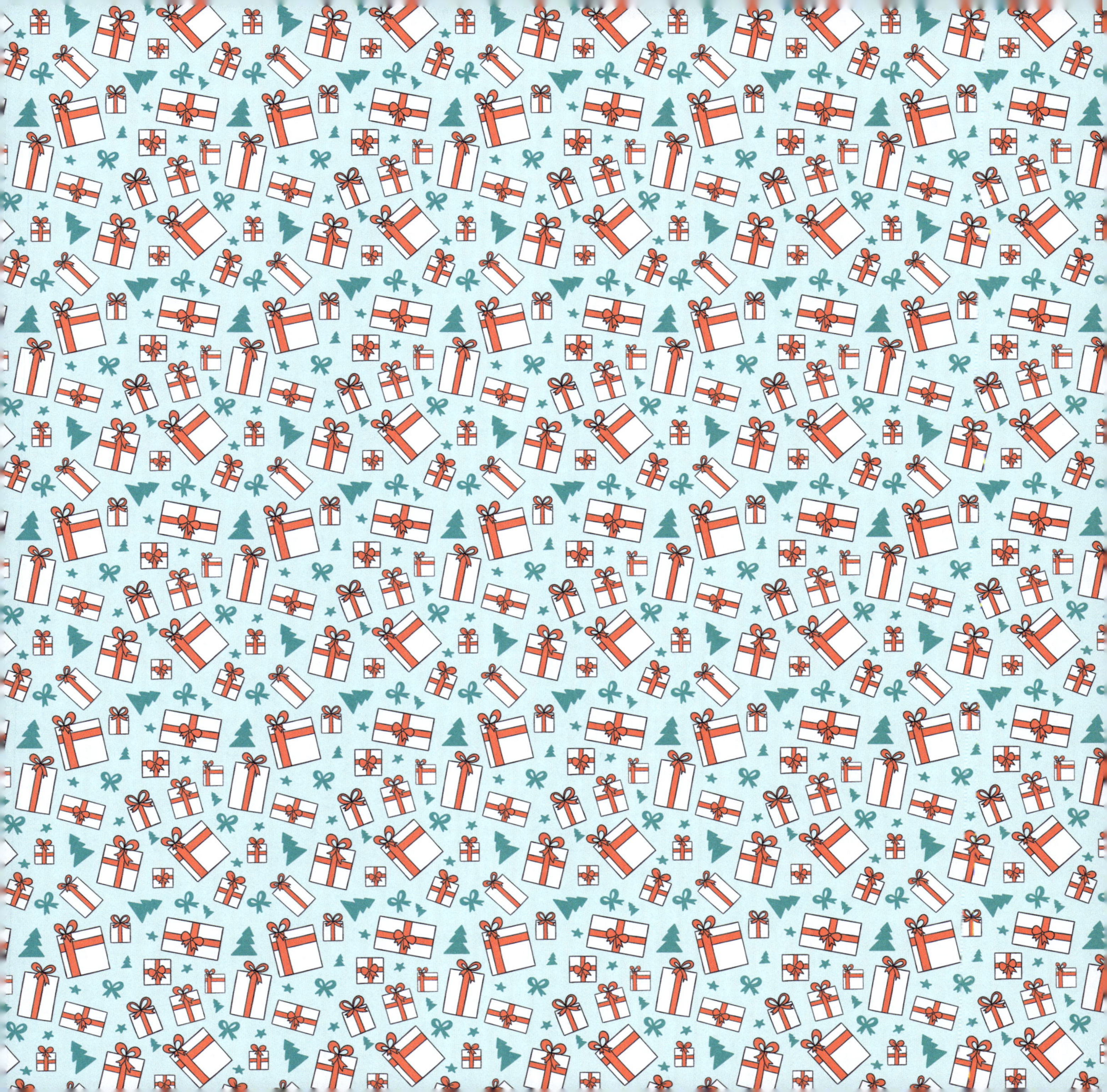

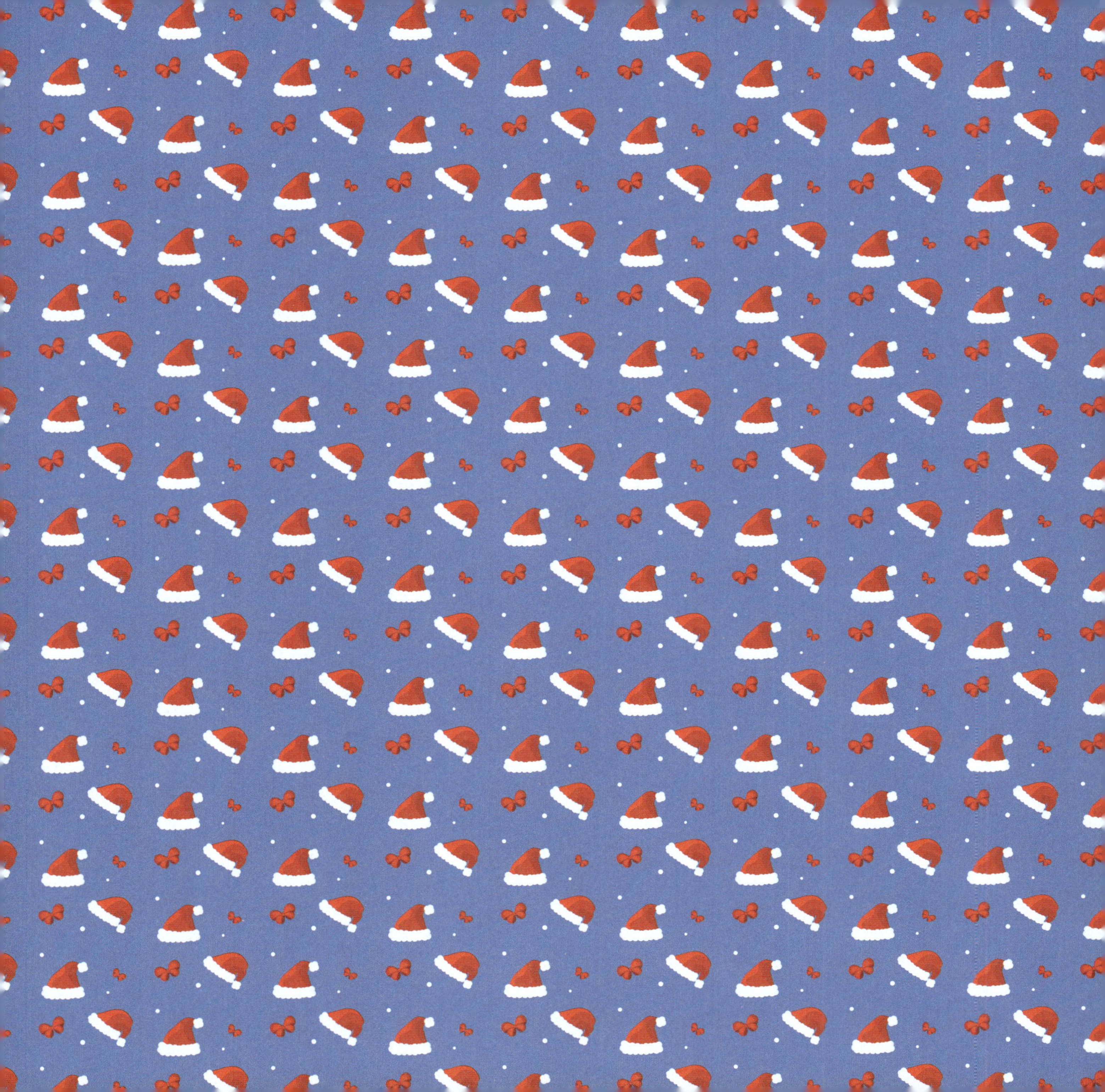

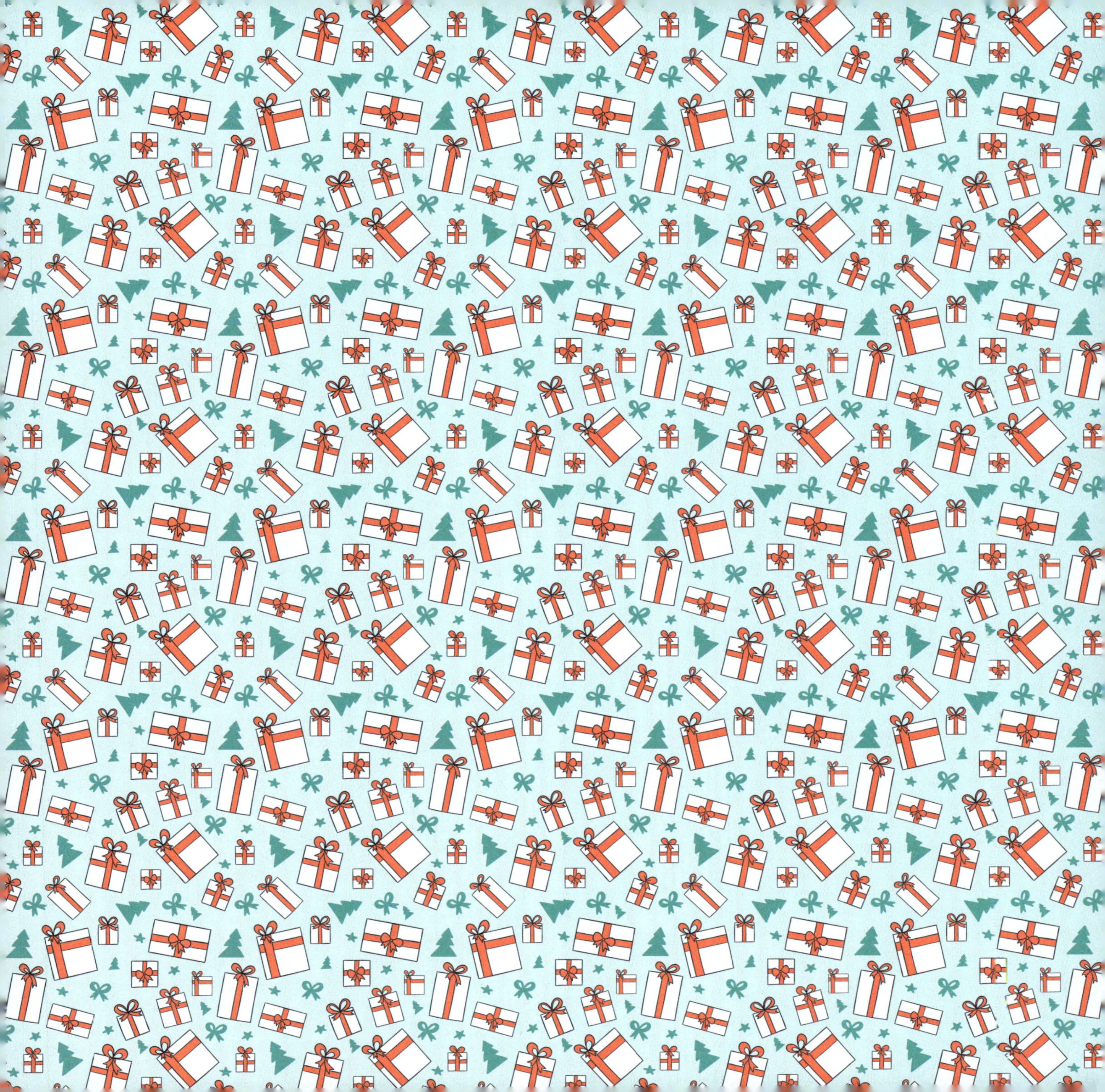

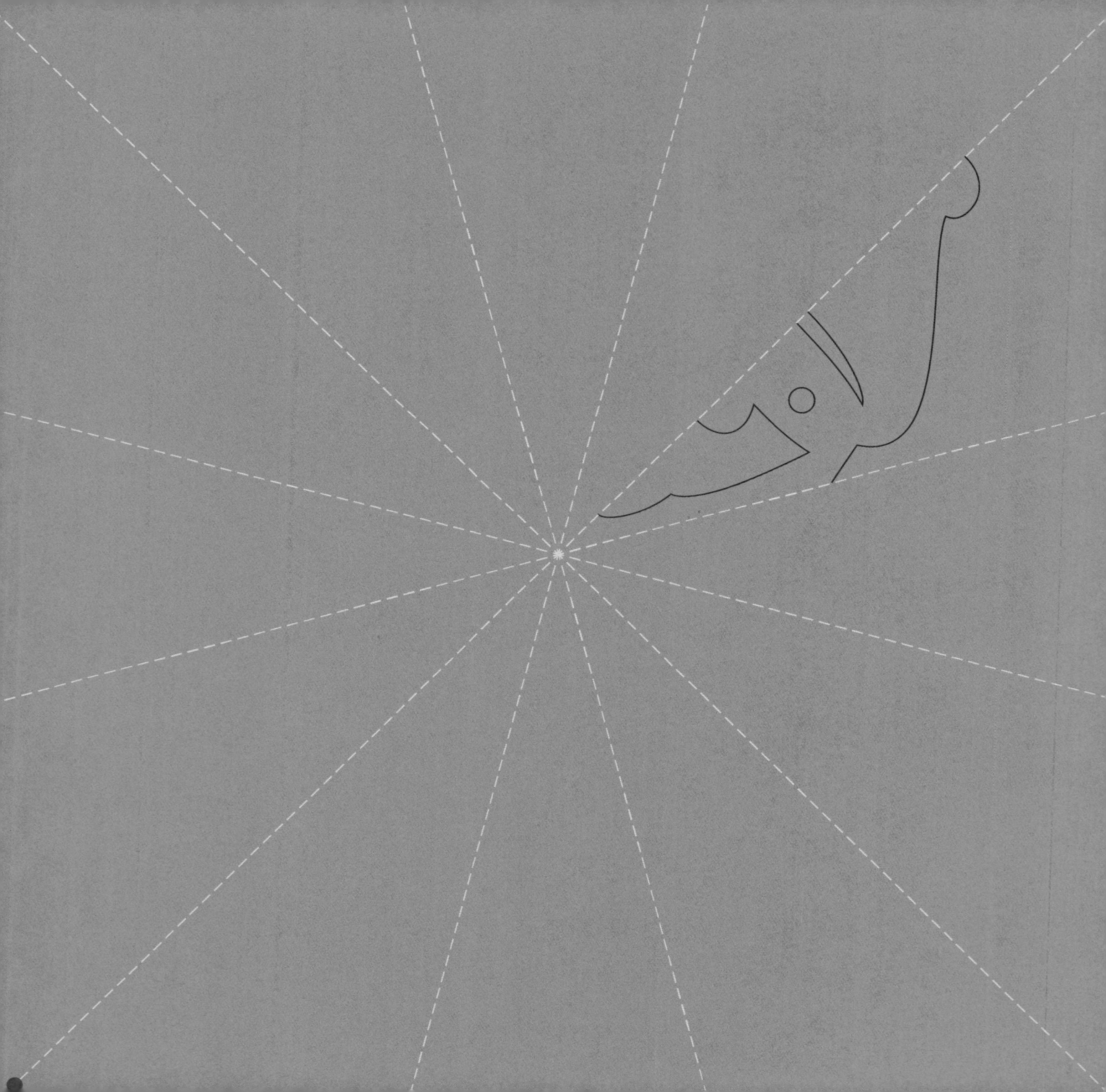

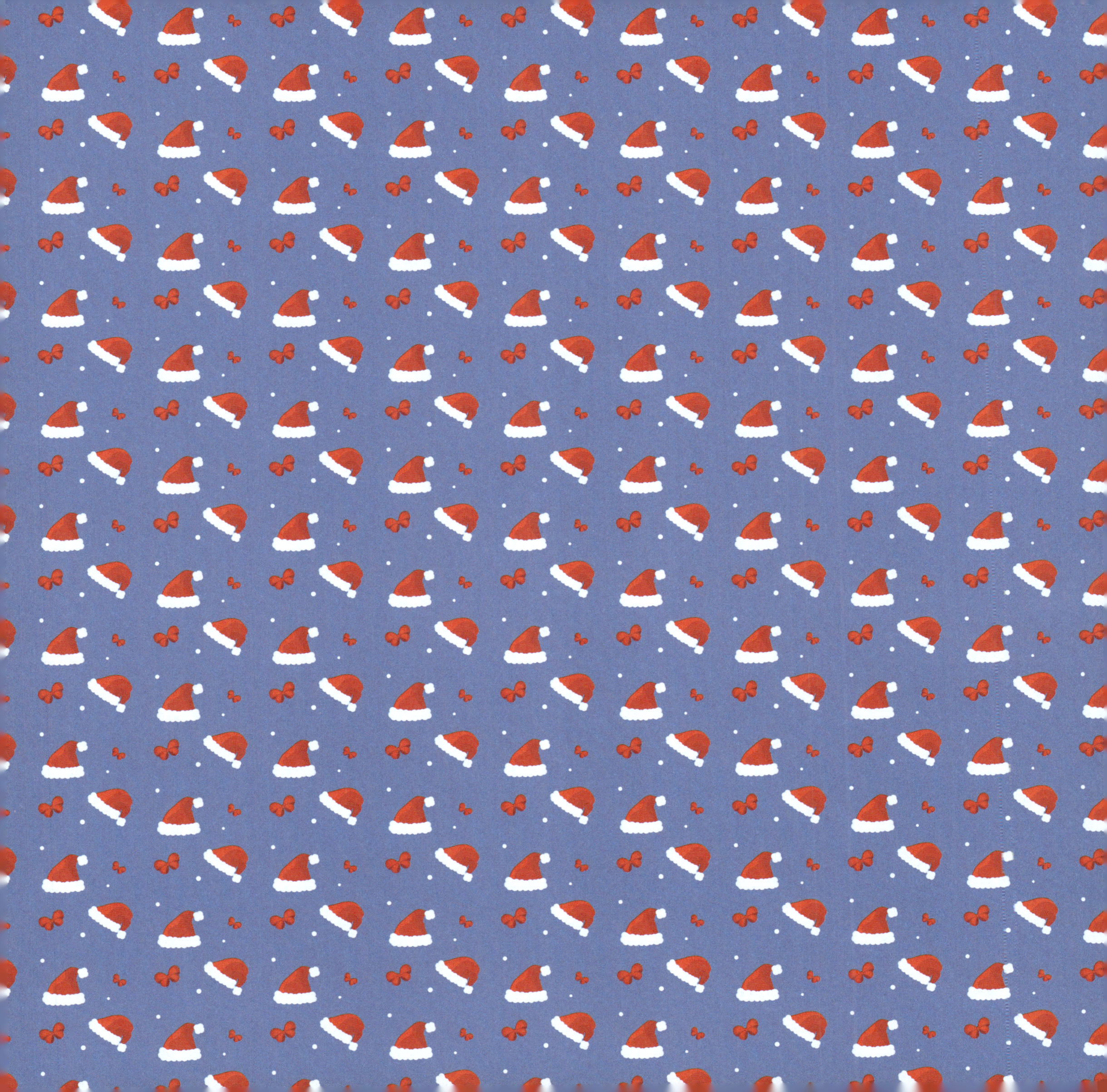

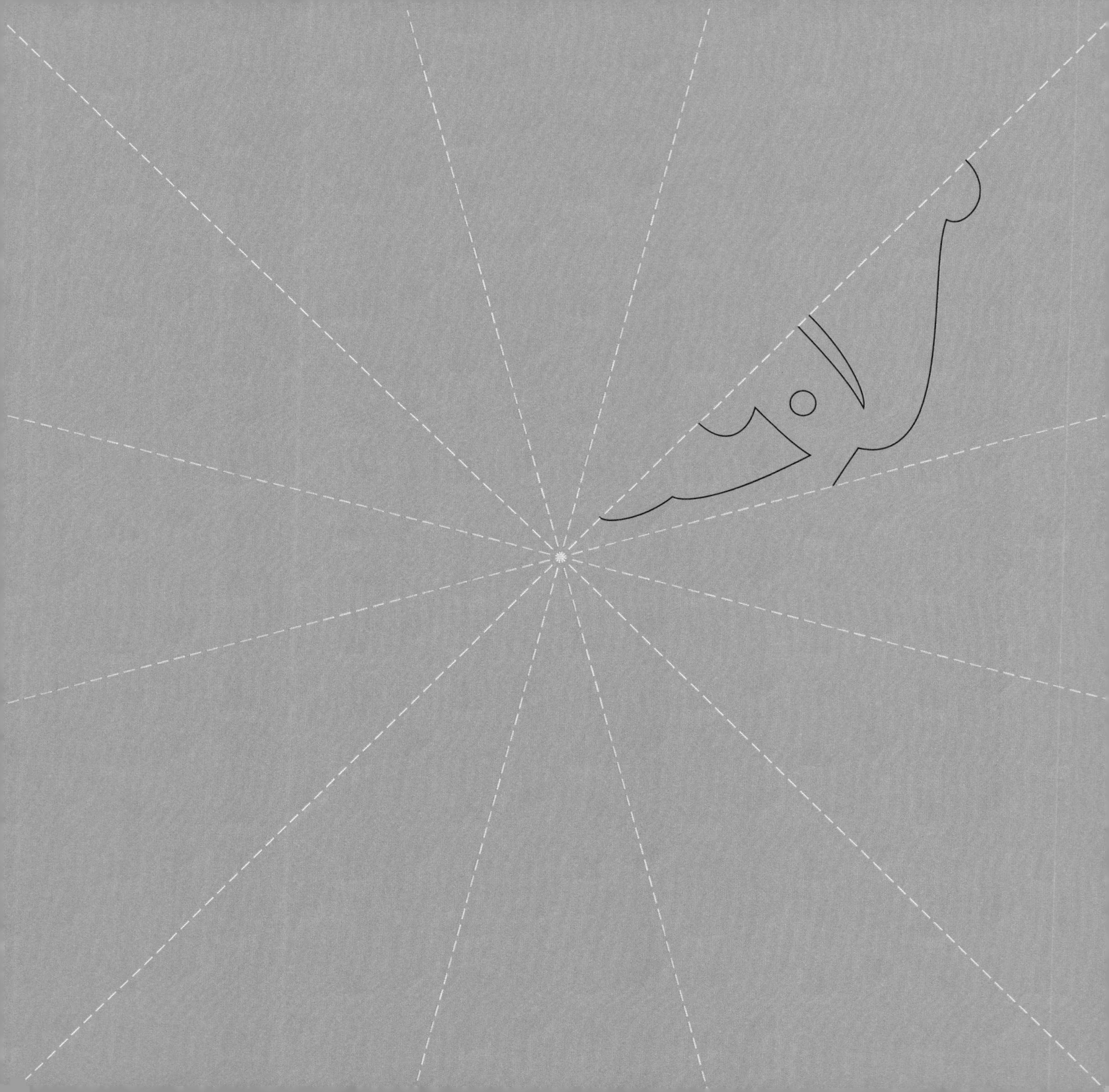

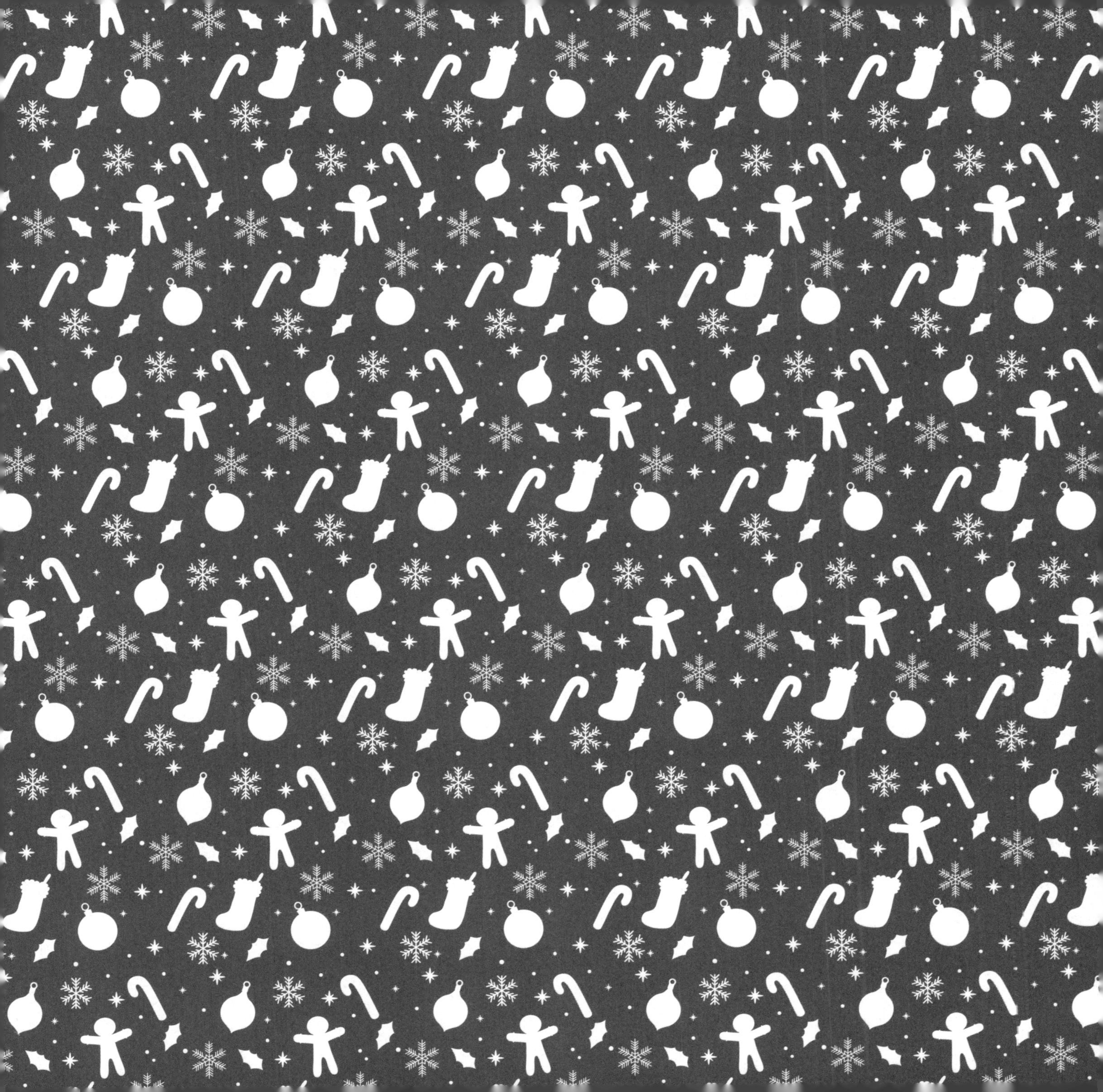

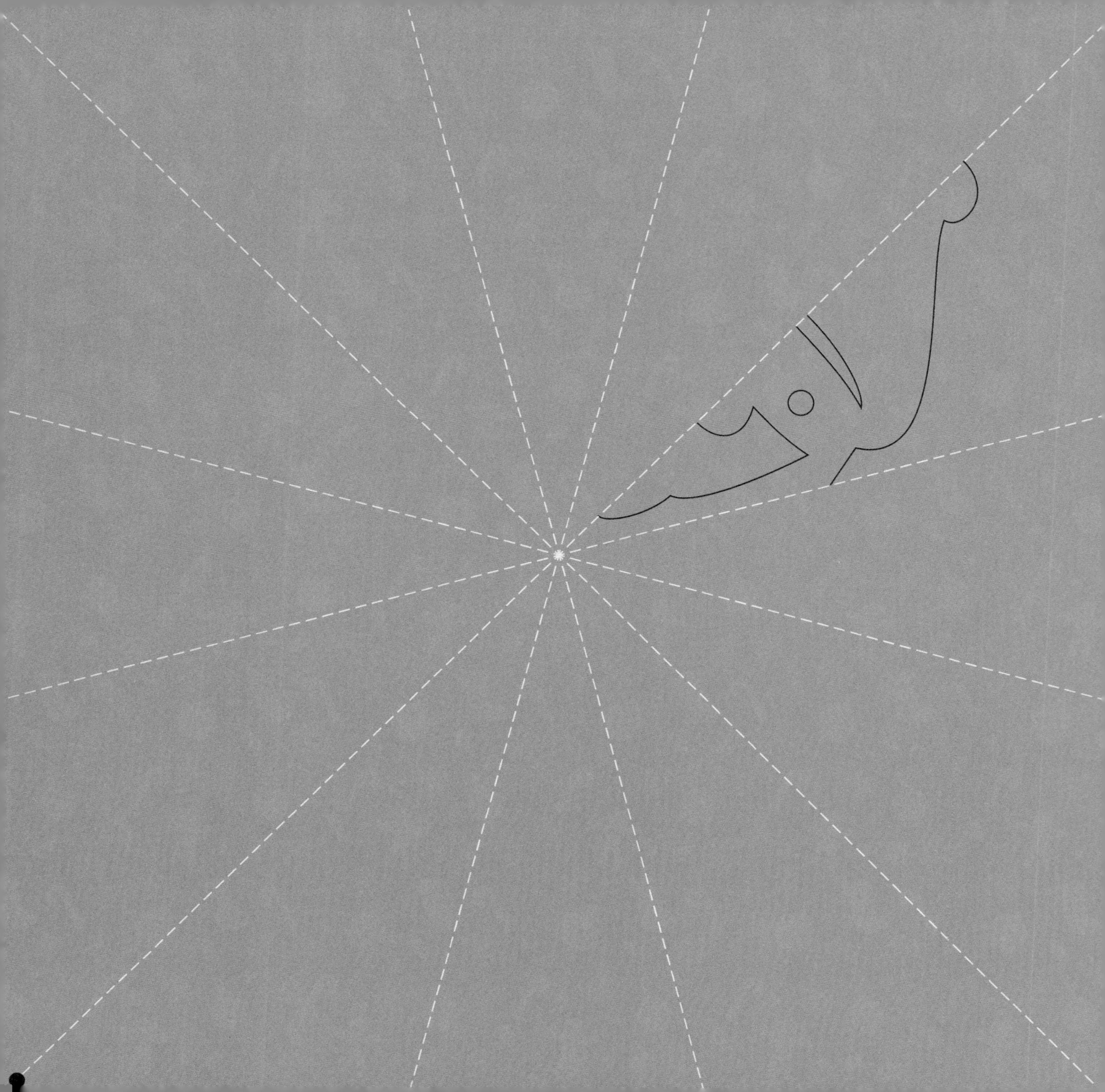

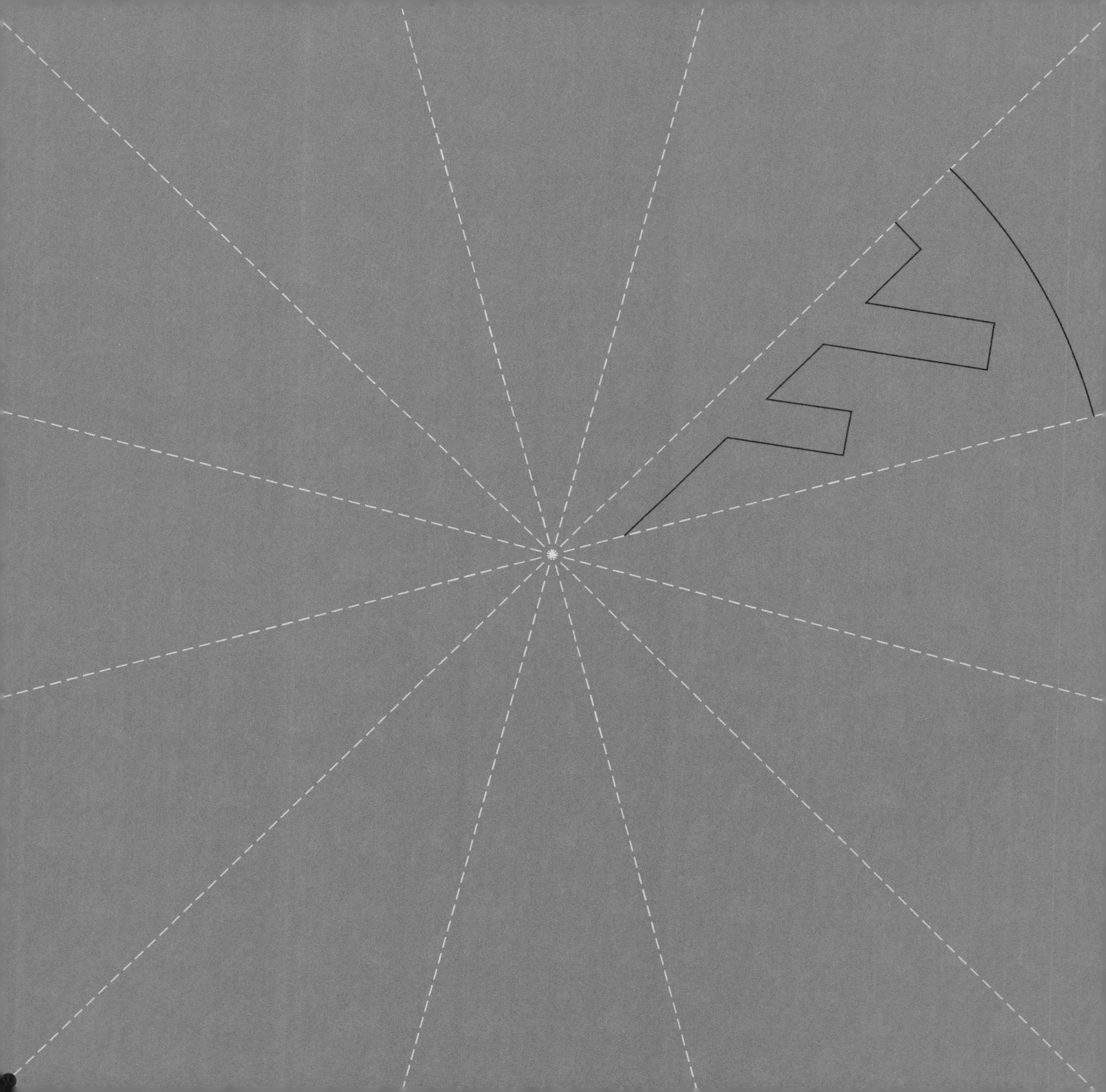

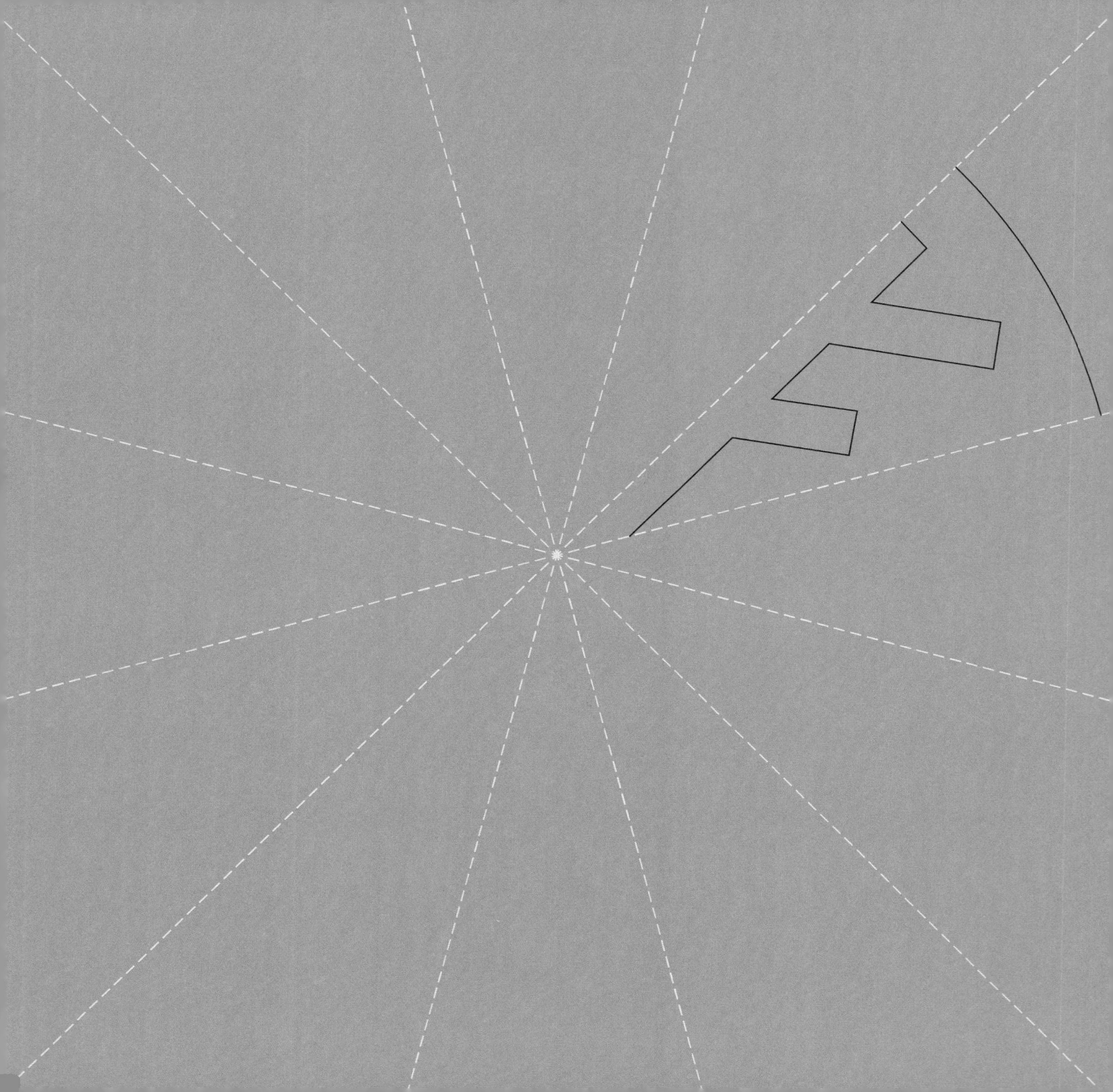

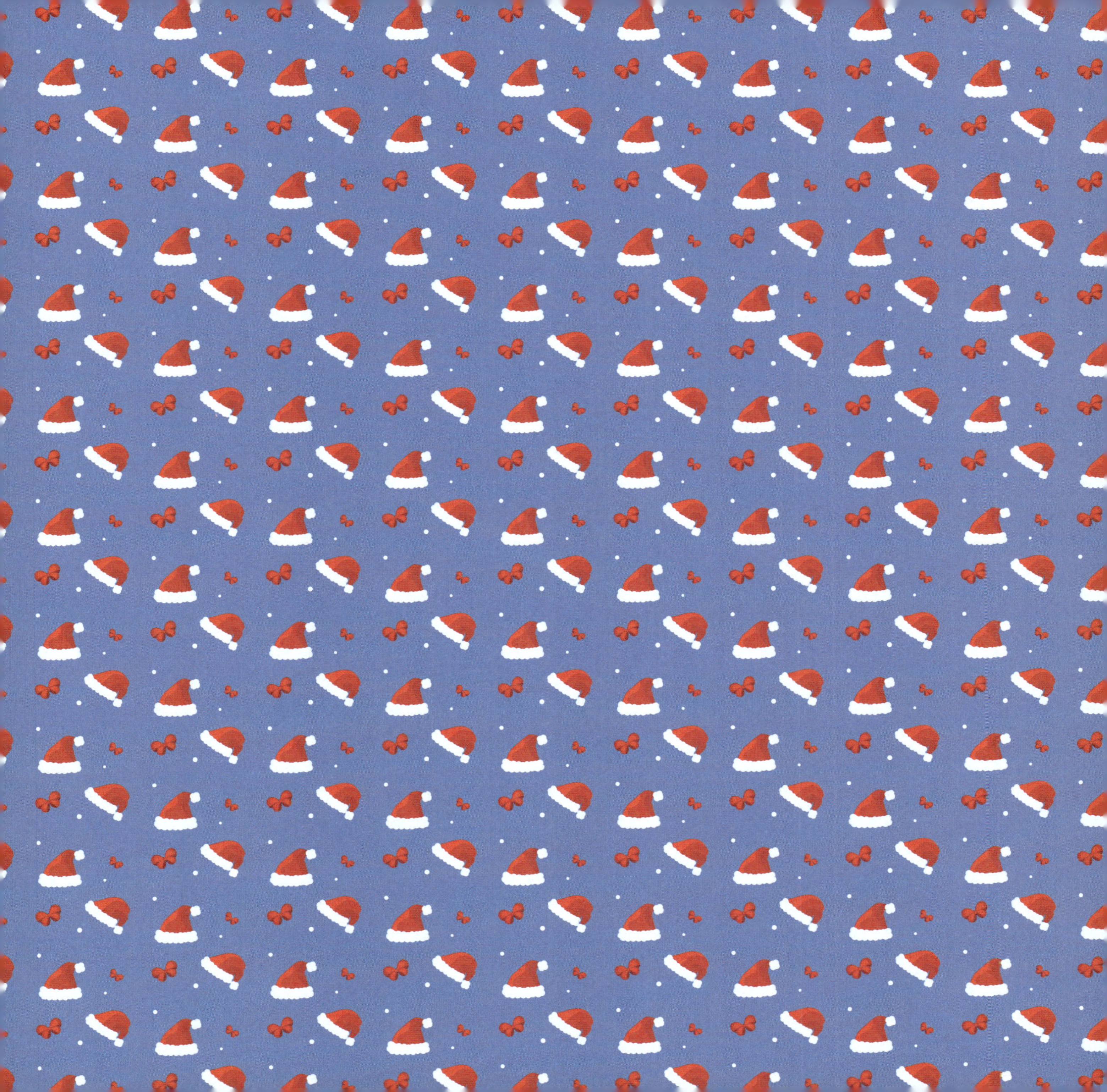

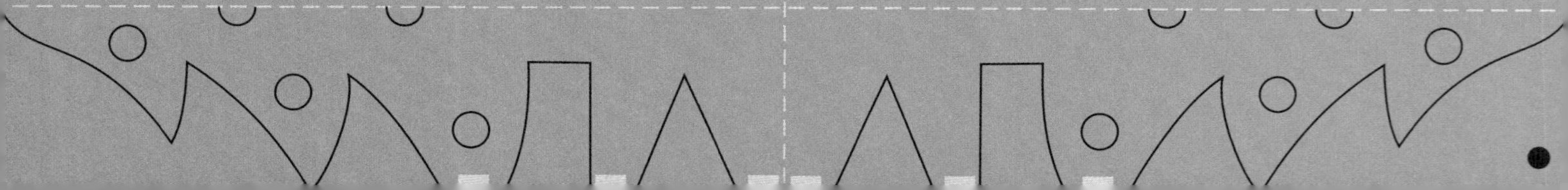

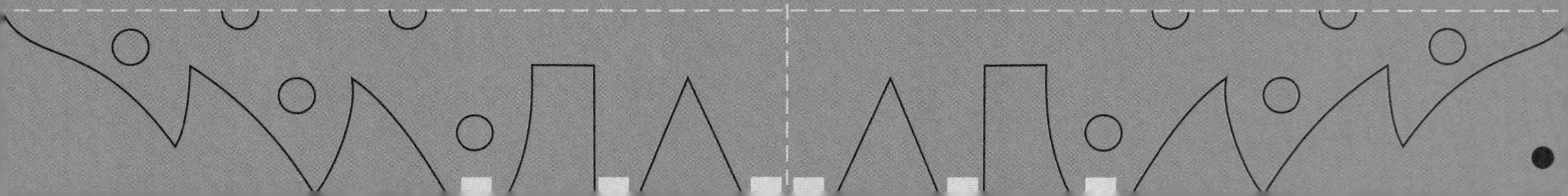

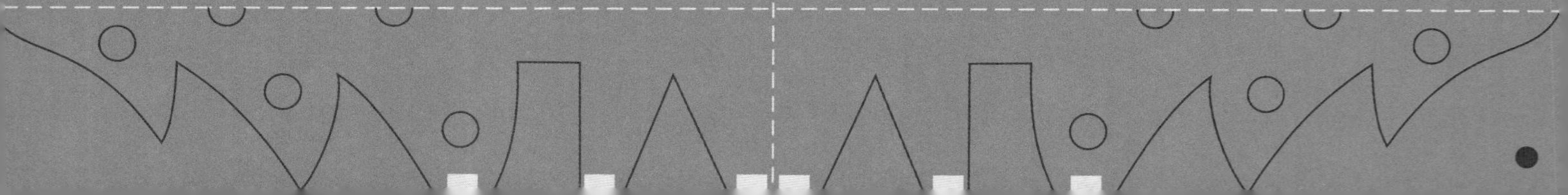

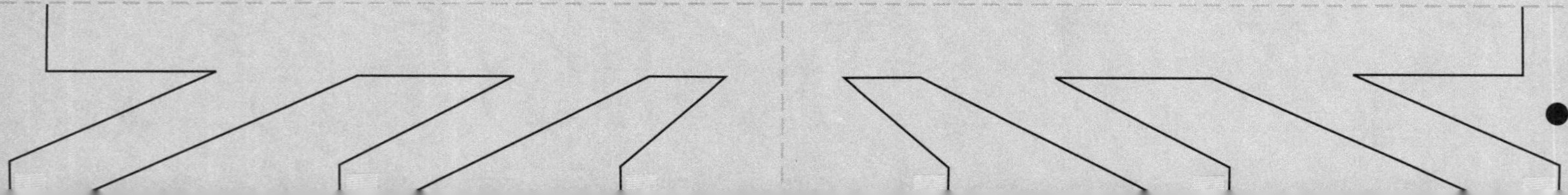

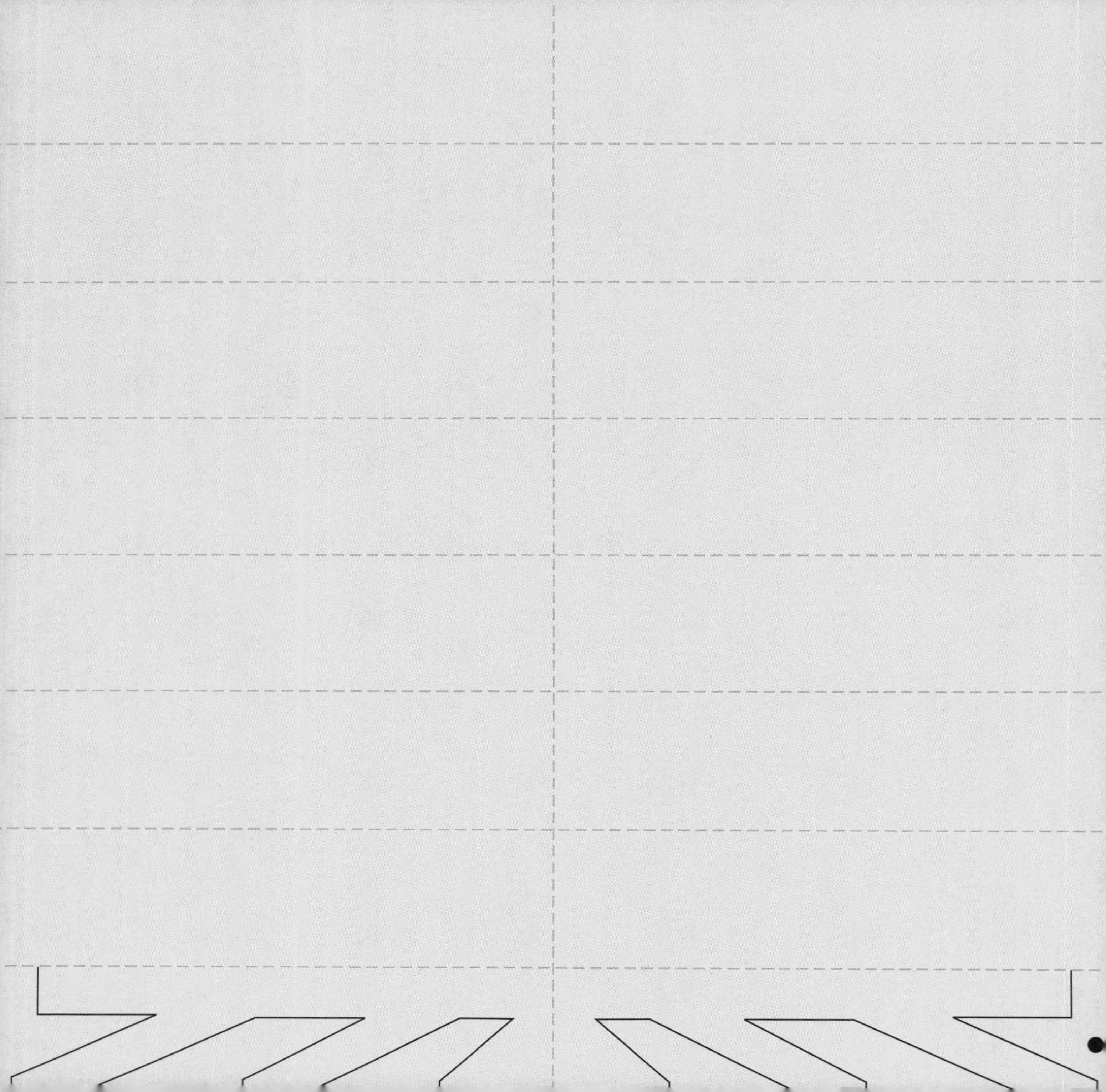

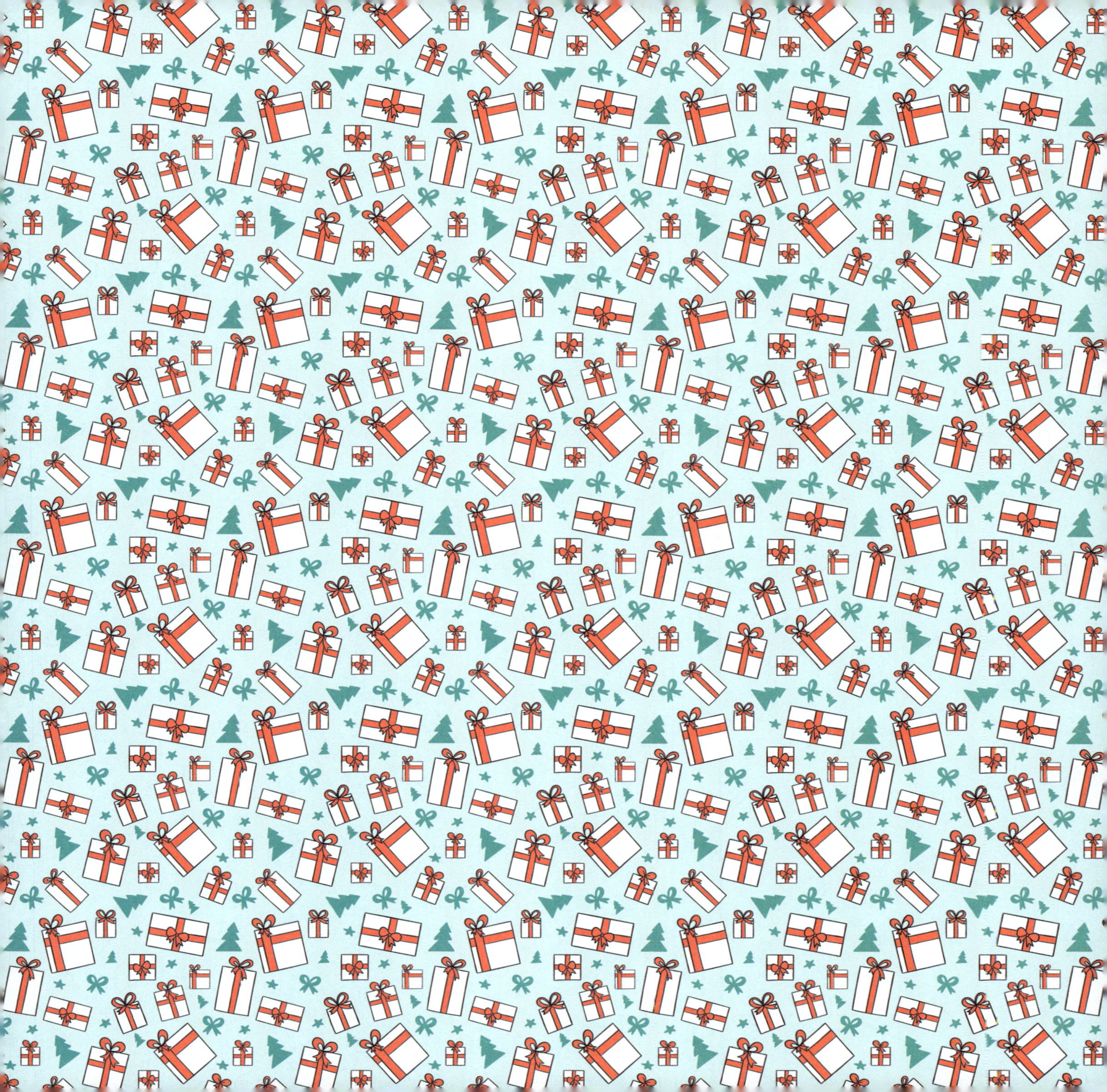

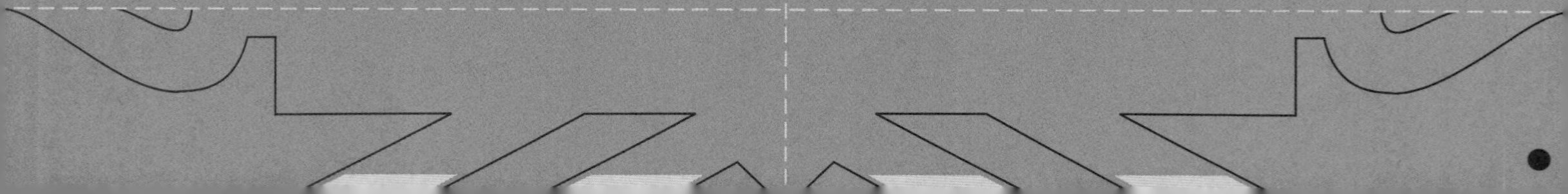

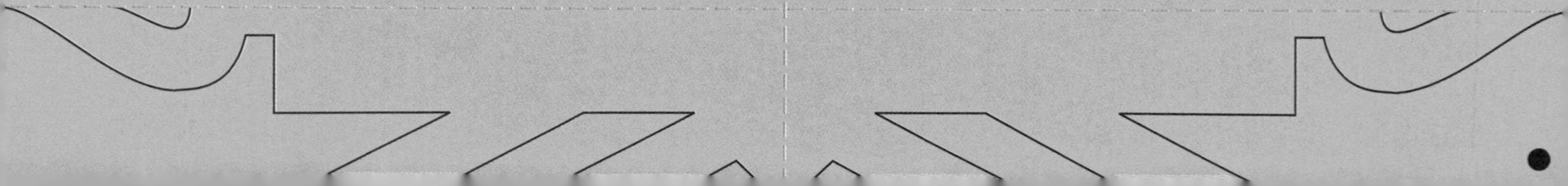

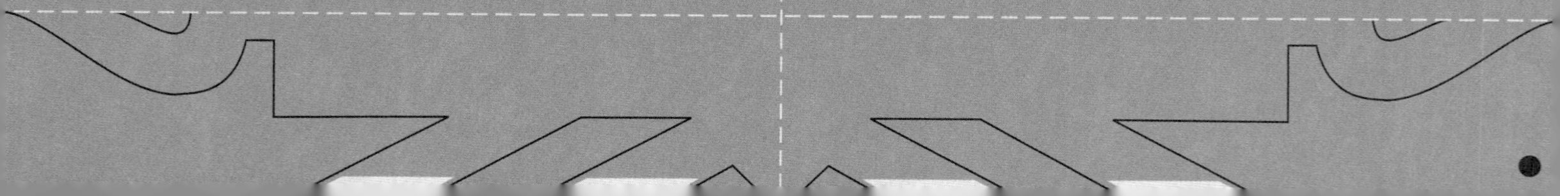

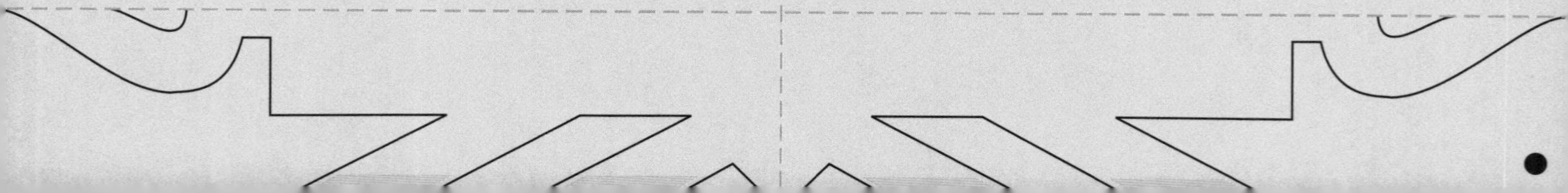

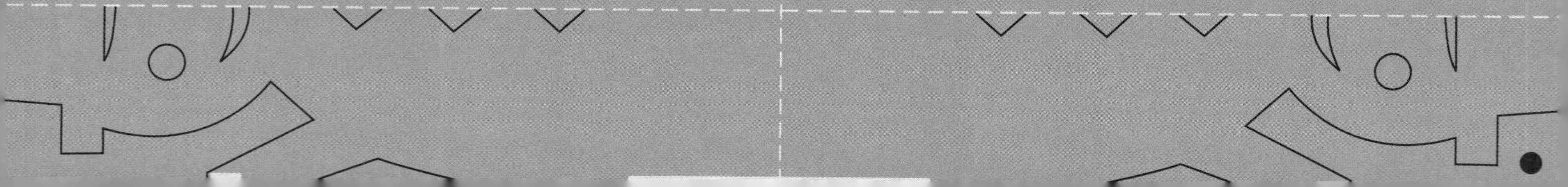

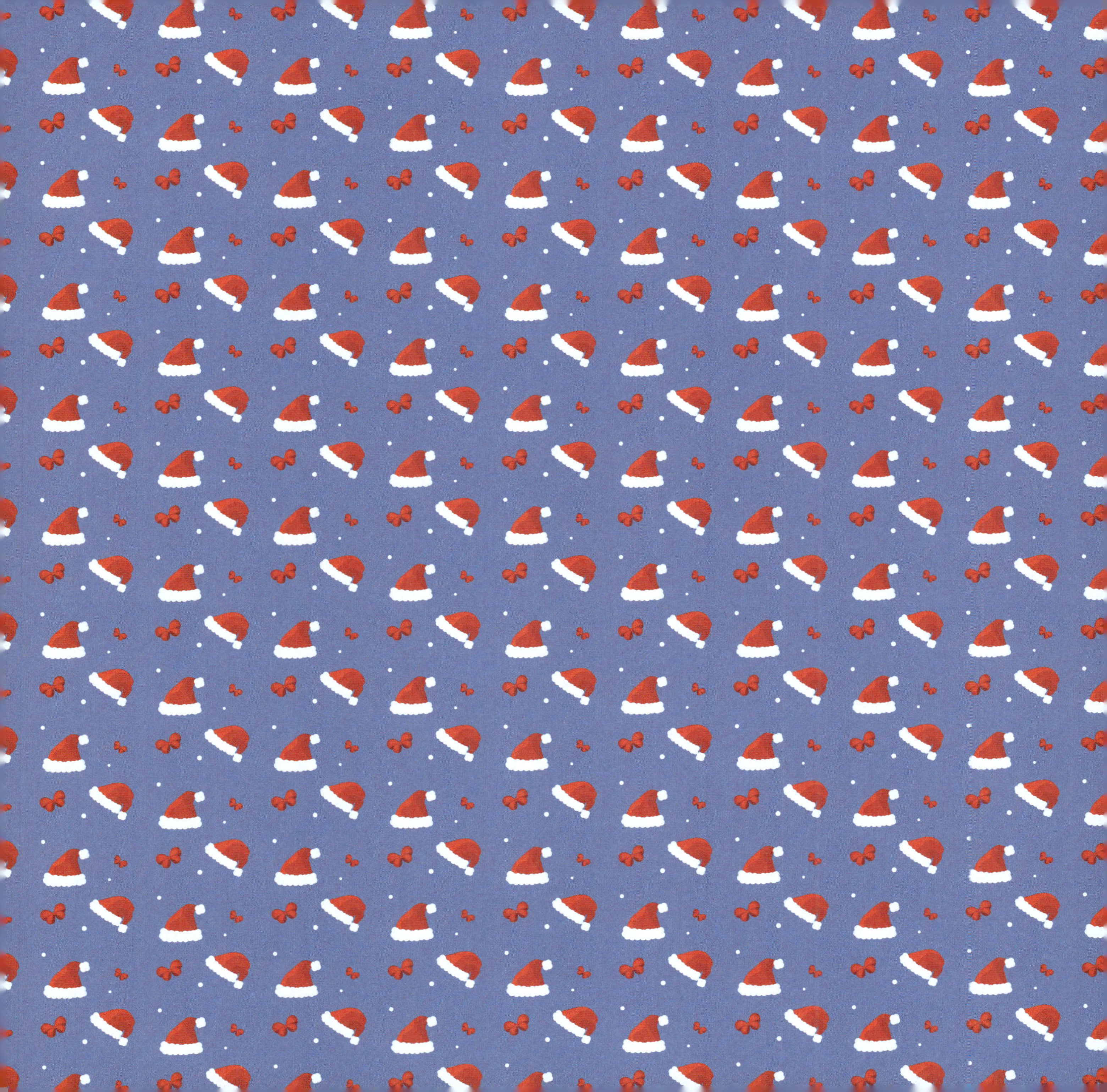

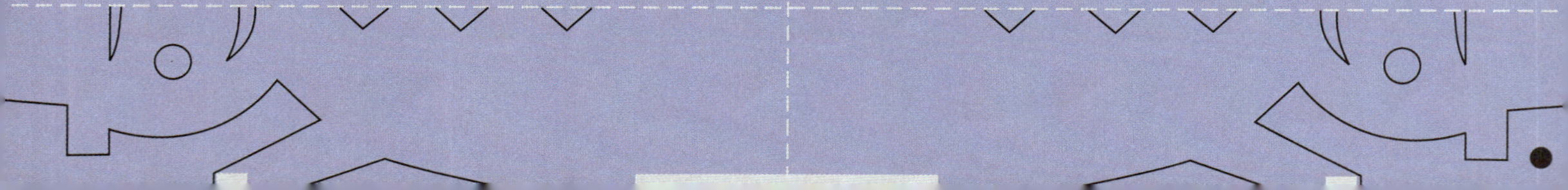

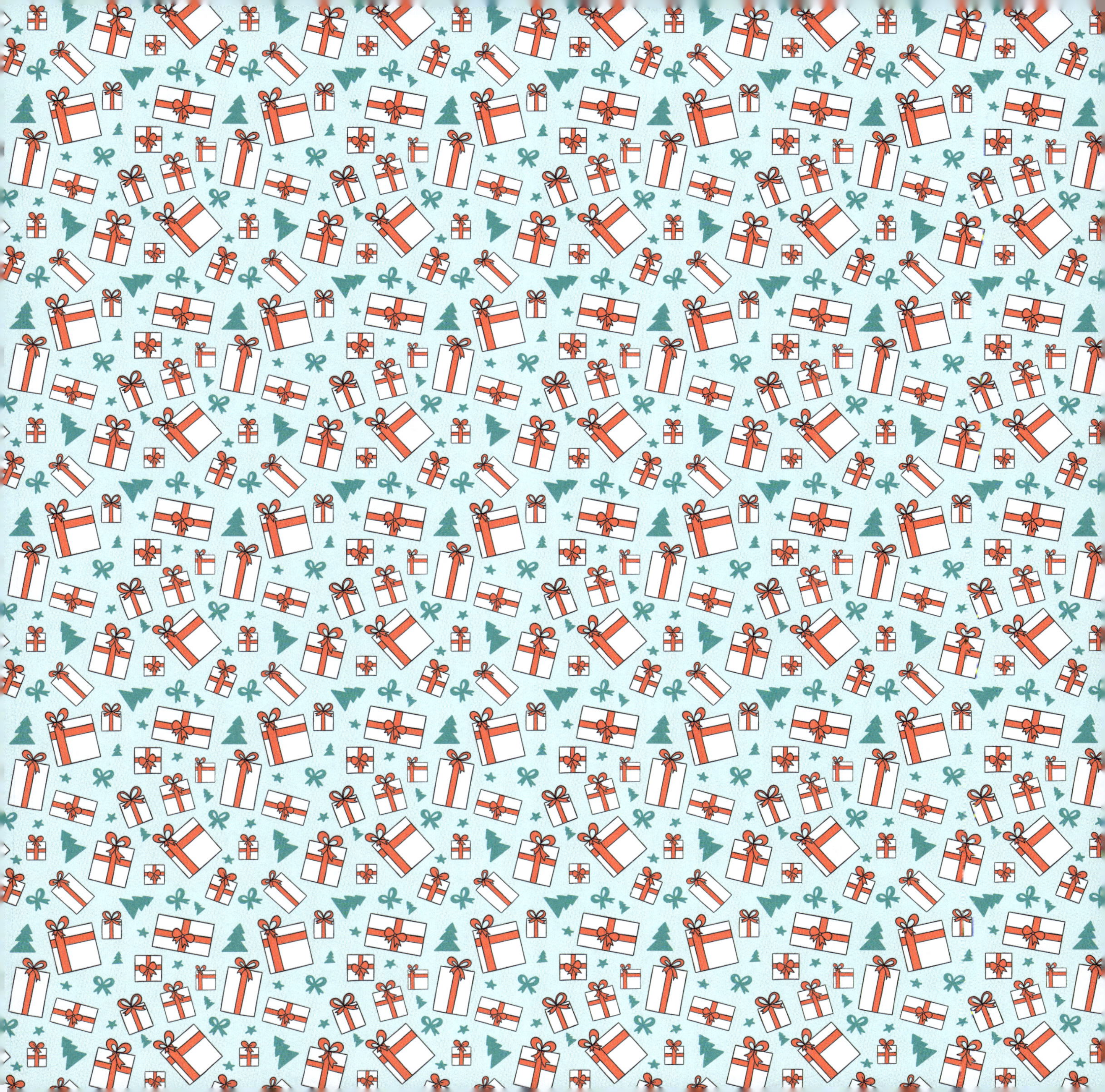

Buchempfehlungen für dich

Noch mehr Kreativ-Bücher zum gleichen Thema gesucht?

ISBN 978-3-7724-4474-6

ISBN 978-3-7358-9020-7

ISBN 978-3-7724-4955-0

ISBN 978-3-7358-9005-4

ISBN 978-3-7358-9029-0

ISBN 978-3-7724-4340-4

Viele weitere Kreativ-Bücher findest du auf www.TOPP-kreativ.de

Susanne Pypke arbeitet als freie Lektorin und Kreativ-Autorin im Stuttgarter Westen. Ihre Leidenschaft für das Selbermachen hat sie schon früh entdeckt. Nichts war schöner, als an Regentagen zu basteln, in Mamas Nähkästchen zu kramen oder die Gerätschaften in Papas Werkstatt auszuprobieren. Ihr Können setzt sie bis heute in zahlreichen DIYProjekten um. Ein kleiner Ausschnitt davon ist auf ihrem Kreativblog fraeuleinfloh.blogspot.de zu sehen.

Wenn Sie Fragen zu den Anleitungen in diesem Buch haben, schreiben Sie einfach eine E-Mail an: hilfe@frechverlag.de oder rufen Sie uns an unter: 0711 / 123 757 20*.
*normale Telefongebühren

IMPRESSUM

MODELLE UND SCHRITTFOTOS: Susanne Pypke
FOTOS: frechverlag GmbH, 70839 Gerlingen; lichtpunkt, Michael Ruder, Stuttgart
PRODUKTMANAGEMENT: Sarah Ulmer
LEKTORAT: Sarah Ulmer, Galina Mosebach, Mirjam Buchwald
COVERGESTALTUNG: Tatjana Weiß
HERSTELLUNG UND LAYOUT: Jessica Siebert
SATZ: tebitron gmbh, Gerlingen
DRUCK: Drukarnia Interak Sp. z o.o.

3. Auflage 2023

ISBN 978-3-7358-9035-1 · Best.-Nr. 29035

MIX
Papier aus verantwortungsvollen Quellen
FSC www.fsc.org FSC® C015559

Penguin Random House Verlagsgruppe
FSC® N001967